Poesia

Reunida

Eduardo
Alves
da
Costa

Poesia
Reunida

1962-2021

© FARIA E SILVA Editora, 2021

Editor
Rodrigo de Faria e Silva

Revisão
do autor

Projeto gráfico
Carlos Lopes Nunes

Diagramação
Estúdio Castellani

Capa
Carlos Lopes Nunes

Imagem da quarta capa
Retrato do autor, pintado por Mário Gruber em 19

Dados internacionais para catalogação (CIP)

C837p
Costa, Eduardo Alves da
Poesia reunida – 1962-2021 / Eduardo Alves da Costa, -- São Paulo: Faria e Silva Editora, 2021
432 p.

ISBN 978-65-89573-29-6

1. B869.1 – Poesia brasileira

FARIA E SILVA Editora
Rua Oliveira Dias, 330 | Cj. 31 | Jardim Paulista
São Paulo | SP | CEP 01433-030
contato@fariaesilva.com.br
www.fariaesilva.com.br

Para
Antonieta,
Fábio, Alessandra,
Sérgio, Mônica, Tania, Izza, Luciana, Pedro, Anderson,
André, Regina, Carlos.

Francisco, Enzo, Matheus, Luca, Noah, Agnes, Renato,
Rebeca, Gustavo, Clara, Mateus.

Jasmine, Isabel.

Cassia, Lucia, Marcia,
Manoel Carlos.

O TOCADOR DE ATABAQUE
1962-1969

LIVRO I

Rilkeanas 15

LIVRO II

O tocador de atabaque 21
O poeta Eduardo leva seu cão
   raivoso a passear 24
A rosa de asfalto 26
A cama de pregos 28
Ouço ruído de tambores 30
Poema da cartomante 32
Tentativa para salvar a
   poesia. 34

Canção para o meu tempo . . . 36
Sugestões para a elaboração
   de um novo mural na ONU. . 37
Banana split 40
No caminho, com Maiakóvski . 42
Tropas 45
Nova presença no mundo. . . . 47
A vida 50
Na Terra dos Brucutus 54

LIVRO III

Mais forte que James Bond. . . 58
Considerações para a execução
   de um salto mortal 61
Oh, como eu gostaria de amar
   uma garota de Chelsea! 64

Poema do amor impossível a
   Candice Bergen 67
Dudu psicodélico. 70

SALAMARGO
1970-1982

Salamargo 78
Outra canção do exílio 79
Tive um sonho 81
Parrésia. 84
Três poemas portugueses 85
I. Quanto a mim, sonharei
   com Portugal 85
II. Para além do cabo não . . . 87
III. Quero que o saibas 90
No trono estou eu, Romeu . . . 91
Comendo uma azeitona grega . 94

Tango, com violino 95
A bordo de um simulador 96
Seixos ao sol sobre (ma) cacos
   de vidro 100
Segundo Sermão da
   Sexagésima ou por que não
   devemos ir para o campo
   semear aboborinhas 102
Ao oriente do oriente 107
Uma estrela, vista através
   de periscópio 109

Voo noturno 110
Lamento do capim. 112
A guerra é isso 113
Sidharta. 117
O eremita e seu bordão 120
Sete anos de cordeiro 122
O Tao 123
A grande aventura dos
    trópicos 125
A samambaia no ouvido. . . . 128
Viver com medo 131

Não te rendas jamais 133
A eterna injustiça deste mundo 134
Estudo 135
Um dia, talvez... 137
Ah, quem me dera um lugar... 138
Cantos escuros, esquinas
    brilhantes 141
O bocejo de Sá-Carneiro. . . . 142
Tardio poema de amor a
    Doña Maria Luisa 144
Bem-vinda seja, pois... 148

POEMAS QUASE TAOÍSTAS
1984-1985

A montanha do sino 152
As quinhentas donzelas do
    Rei Tsin 153
Estrelas cadentes 155
Uma vista magnífica. 156
O ambicioso Cheng Tai 157
Um ladrão incorrigível 158

O oleiro Shangch'iu 161
A melhor caçada 163
Os pelos do nariz 165
Os sobreviventes de Han . . . 167
O morto no caminho 169
A harmonia interior 171

O CANIBAL VEGETARIANO
1986-1999

O que é a poesia? 174

LIVRO I

O canibal vegetariano 177
Cogitação ao longo do viaduto 180
Brèsil 181
O novo 183
Ausência materna 186
Serapilheira de titãs 188
Ou será um *bandoneón*? . . . 189
Nos vãos, nos entres 190
Um grilo desmancha o
    universo 192

Insônia 193
Para que servem os vizinhos? 194
Pizza à calabresa 196
Vetustas vanguardas 198
Cena literária. 200
Uvas de fina cepa 203
Neopaganismo. 204
Turva lembrança. 206
Bicho geográfico 207
Descanse em paz seu Joaquim 208

LIVRO II

Atado ao leito deste hospício em ruínas 211

Ferrão clerical 212

Que me respondam 214

Como é possível?. 216

Novo credo 217

Quando já não tivermos olhos 218

Palavras sábias 219

Quando tua alma, cansada, fraqueja 220

Algo maior do que tu mesmo . 220

Pra que se preocupar?. . . . 221

Quem além de ti? 222

Esse tigre de múltiplas faces . 223

Sem o saber, já somos 224

Pergunta ao rato 225

Não te esqueças do mundo . . 226

Como quem não quer nada . . 227

Último canto 228

Entre sino e sinfonia 229

Misto de gozo e tormento . . 230

Sabedoria e santidade 231

O casulo vazio 233

Nenhuma treva 235

Breve estudo sobre a miséria . 236

Rumo à epifania 237

As últimas cores do dia 238

POEMAS DE CIRCUNSTÂNCIA

LIVRO I

Primavera. 242

Palavras simples 242

Orvalho. 243

Identificação 243

Alimento 244

Inverno 244

Silêncio 245

Rosa de papel. 245

Peteleco. 246

Incompatibilidade 246

Primeiro amor 247

Desenho infantil. 248

Olho gordo 249

Catorze 250

Banzo 250

Amizade 251

Ofensa grave 251

Ingenuidade 252

Inocência 253

Perguntas. 253

Ladrões 254

Ouro 254

Gim 255

Esmeraldas 255

Sonhos 255

Imaginário 256

Oriente 256

Ver – I. 257

Ver – II 257

Talento 258

Meleca 258

Ratos 259

Inveja 259

Roupa. 260

Cinzeiro. 260

Cadeira 260

Bola 261

Mesa 261

Cama 262	Algum Deus 281
Automóvel 262	Inocência 282
Casa 263	Prazer 283
Tapete 263	Deus de supermercado 283
Cachimbo 263	Cristão novo 284
Abelha 264	Etiqueta 284
Verdade 264	Salvação 285
Destino 264	Mestre 285
Fama 265	Notícia 286
Poesia 265	Sacralidade 286
Indagações 266	Tecnologia 287
Fabio 267	Guerra 287
Naturalidade 267	China – I 288
Casamento 268	China – II 288
Nudez 268	Passeio 289
Metamorfose 269	Black-out 289
Presença 270	Compostura 290
Sabedoria 270	Anti-beligerância 290
Biblioteca 271	Ponto final 291
Relatividade 271	Razoabilidade 292
Morte 272	Renovação 292
Loucura 272	Neutralidade 293
Linha de montagem 273	Acordo de paz 293
Aprendizado 273	Luz 294
Futebol 274	Saudade 294
Tsunami 274	Imaginação 295
Sombra 275	Sutilezas 295
Programação 275	Plenitude 296
Vazio 276	Fluxo 297
Comadres 276	Sobrevivência 297
Infinito 276	Soberba 298
Sabedoria taoista 277	Mundos 298
Vinho 277	Enigma 299
Responsabilidade 278	Rancor 299
Universo 278	Mania 300
Ironia 279	Alienígenas 300
Crimes 279	Aditivos 301
Sonhos 280	Evolução 302
Dúvida 280	Frutos do mar 303

Vegetarianismo	303	Confissão	314
Tentação	304	Horizonte	314
Pato com laranja	304	Águas mansas	315
Samurai	305	Corrupção – I	316
Rebeldia	305	Corrupção – II	316
Desarranjo	306	Corrupção – III	317
Hímen	306	Conselho	317
Aborrecimentos	307	Epidemia	317
Falsos democratas	307	Heróis	318
Culpa	308	Agora	318
Craque	308	Elasticidade	319
Favela	308	Malandragem	319
Justiça	309	Verdade	320
Campo de concentração	309	Crise	320
Lei do cão	310	Irmandade	321
Tênis	311	Pena de morte	321
Miséria	312	Luto	322
Possibilidades	312	Vida	322
Abundância	313	Velhice	323
Uma palavra	313	Templário	323

LIVRO II

O código das borboletas	325	Transubstanciação de heróis	331
Fera	326	Como fazer um deserto	333
Porvir	327	Novelos	336
Grafite	328	Sono	337
Mingus	329		

BALADA PARA OS ÚLTIMOS DIAS

I	340	X	350
II	340	XI	352
III	341	XII	353
IV	342	XIII	355
V	343	XIV	357
VI	344	XV	359
VII	345	XVI	360
VIII	347	XVII	362
IX	349	XVIII	364

XIX 366	XXVIII. 390
XX 369	XXIX. 395
XXI 371	XXX 398
XXII 373	XXXI. 401
XXIII 375	XXXII 405
XXIV 377	XXXIII. 408
XXV 381	XXXIV. 414
XXVI 383	XXXV 416
XXVII 387	

O autor 427

O TOCADOR DE ATABAQUE

1962-1969

LIVRO I

Rilkeanas

1
O amigo não cabe num abraço,
nem a família
no parco espaço da casa;
não cabe a nação em seu berço de cal
e muito menos os deuses
numa urna de cristal.
Mal se contêm os mortos
nas incômodas gavetas
e o delírio dos jovens
foge pelas frestas das janelas.
Rompe-se o invólucro dos frutos
e a língua escava o beijo mais a fundo.
Contudo, que sabemos nós de nosso próprio sangue?
Ou do roteiro dos pombos
que se esgueiram nos beirais?
Outrora, nossos olhos conheciam
o contorno das coisas por vir
e a trama das veias
nos punha no pulso
um anseio vital.
Hoje, quem deporá por um instante as ferramentas
para chorar o morto?
As violetas brotam de seus olhos,
como num apelo;
mas, o que sabemos nós
deste soluço
que brando resvala
sobre nosso ombro?

2
Pesa-nos viver na cidade dos homens,
onde morreram os sentidos
e tudo permanece em abandono.
Pois os grandes iniciados
já não se atrevem a deixar as catacumbas;

e os seres imemoriais
que ousavam erguer o véu do mistério,
em vultos estranhos se tornaram;
caminham cabisbaixos,
ao longo de ruas limitadas,
sobre as quais declina o sol inutilmente
enquanto os olhos se perdem
na vigília de máquinas ruidosas.
Fecham-se as portas
e nos lares transitórios
buscam-se os corpos, em rápidos lances;
mas se a manhã esmaece nas cortinas,
surpreendendo a face adormecida,
fremem de susto os seios descobertos;
pois o que à noite belo parecia
faz-se terrível, assim, à luz do dia,
por não conter em si qualquer essência.

Esmalte a brilhar nas unhas
de longos e finos dedos,
compondo mãos indolentes;
e duros dentes mordendo
uma aparente maçã;
e olfatos viciosos
rememorando pomares
no ramo de pessegueiro
a florir dentro dos vasos.
Não mais espanto nem busca
de um qualquer tempo perdido,
senão sangue, estagnado,
num existir docemente.
E retinas esgotadas
que para ver já não servem
tantas imagens presentes.

3
A memória persiste
e nos devolve o abstrato quarto
em que se traçou a geometria do que somos.
Indecisos, deitávamos raízes,

para sorver a seiva dos tênues retratos.
Ah, como nos pareciam distantes
os limites da casa, os objetos
e os rostos inclinados sobre nós!

No sorriso apenas esboçado, algum sentido?
Ou nesta roupa que nos veste o gesto
e restará depois inanimada?
De que ridícula seita sacerdotes graves
a cumprir um ritual sem deus?
Afeitos à carne, vacilantes,
ao apelo resistimos
de nos darmos à vertigem;
e sequer abrangemos o possível.
Ah, os que se atreveram a jurar por nós
ante o Imarcescível,
acaso sabiam do anseio
desde o ventre reprimido,
antes mesmo que nossos olhos
se deslumbrassem
num tímido florescer?
Absortos, ouviam o murmúrio
elevado em vibrações;
e enquanto se perdiam
no engodo policromo dos vitrais,
sequer suspeitavam do primeiro tremor.
Sob as pálpebras serenas,
a angústia se agitava
e de tal modo ansiava superar-se
que nem todos os deuses nos poderiam conter.

4
Entre as folhas de um velho livro,
assim permanecemos;
e olhos distraídos perpassam
sem nos ler.

Faz-nos tristes o não participarmos,
qual, no silêncio da noite,
a melodia inutilmente prolongada

para quem adormeceu a escutá-la.
E contudo, é a presença não sabida,
só por isso, menos que ela mesma?

Outrora, quando Ele nos encantava,
e sua Face nos mantinha,
e o mistério se nos oferecia,
dissimulado apenas,
era em nós que tudo acontecia,
para enternecê-Lo.
Hoje, quantas vezes nos abandonamos,
a colher com dedos trêmulos
maduras bagas de pranto,
sem que apreendam o vago em nosso olhar?

Ao redor, murmuram os interlocutores,
como se entendessem.
Vergônteas ao vento,
movem-se os braços,
riscando os espaços
em gestos vazios,
despetalados como flor antiga;
novos sentidos, porém, adivinhamos,
premeditando o homem redivivo.

É tempo de ver,
é tempo de reaver dignidades perdidas
no cotidiano e rude manuseio
e recriar o silêncio primitivo;
pois sobejam vozes
lançadas ao acaso como dardos frios
e se atingissem o pássaro de fogo
feneceriam todas as origens.

5
Nosso espanto parte o corpo do medo
e a dor se derrama pelas ante-salas,
onde nossa espera é um retesar de músculos
para um lance tão exato
que se perde no cálculo.

Tensos como as cordas de uma guitarra,
em vão nos agitamos,
inclinados sobre aquela que sonhamos
bem-amada.
E por mais que a fala,
refletida sempre,
se torne às vezes descomposta,
ou voe pelo quarto
num brando roçar de lábios,
em vão nos agitamos.
Silenciosos fluímos
nas recônditas retículas
e com gesto comedido e visão clara
compomos a quimera;
nem se mostra nossa face
e quem soubera
de labor tão humilde e tão estranho
– posto que sério –
talvez sorrisse.

Ai de nós,
anjos embriagados,
cravados à rota dos dias!
Ai de nós,
que ficamos a girar no carrossel,
esquecidos de todos!
Ai de nós,
que plantamos a Rosa-dos-Ventos,
e num momento de tédio
nos lançamos sobre ela!

6
Assim o Grande Gesto
aparta as avelãs;
e ao parti-las,
só encontra o vazio.

Ah, esta certeza de jorro em nossas fontes,
gárgulas gorgolejantes
por sobre o limo de nossos ouvidos!

LIVRO II

O tocador de atabaque

Querem o meu verso
de nariz para o ar,
equilibrando a esfera,
enquanto alguém bate com a varinha
para me pôr no compasso.
Pedem-me que não seja violento
e me mantenha equilibrado
entre a forma e o fundo,
porque a platéia não deve sofrer
emoções fortes.

Mas eu, nascido num tempo de sussurros,
tenho a voz contundente
e por mais que me esforce
não sirvo para cantar no coro.

Sei apenas tocar meu atabaque.

Assim, que me perdoem
os amantes dos saraus
e os arquitetos de labirintos.
Que as senhoras se protejam com o xale
e os corações delicados
se encostem à parede
para fugir às correntes de ar.

Bato no atabaque
até estourar os tímpanos fracos
e chamo num grito de gozo
as almas bravias,
para dançarmos juntos,
mordidos pela mentira do mundo,
com os nervos envenenados
e a jugular aos pinotes.

Escutem, eu vou lhes contar a história
do leão que tinha um espinho na pata...

Bato no atabaque e me consumo
como se o sangue me fugisse
por um rio subterrâneo.

Vamos, o senhor não pode enganar todos
durante todo o tempo.

Bato no atabaque,
quem quiser cantar
que me dê um tom.

Por que ao sair do trabalho
a gente não volta pra casa
de montanha-russa?

Bato no atabaque...

Matou o patrão com cinco tiros
porque foi despedido
sem aviso prévio.

Bato no atabaque...

Isabel, acho que meu pai,
quando souber,
vai me bater!

Bato no atabaque...

Moço, compra uma flor
pra namorada?

Bato no atabaque...

Você acha que eles bombardeiam a China?

Bato no atabaque
e o furacão me arranca pela raiz
e eu sou um baobá

atravessando os céus da Flórida
para cair em Nova York,
sacudindo a Bolsa de Valores
como um enfarte.

> *Não sei... pra mim*
> *quem matou Kennedy*
> *foi a reação.*

Bato, bato, bato no atabaque
até consumir o terceiro estágio
de minha alma de astronauta
e ficar girando,
fora de órbita,
para sempre.

O poeta Eduardo leva seu cão raivoso a passear

Eduardo, louco em férias, poeta disfarçado em bu-
rocrata, levanta-se todos os dias com péssimo
humor, para ser devorado pelo relógio de ponto.

Obediente, amável, prestativo, conhece a fisionomia
dos carimbos, sabe de cor o roteiro dos papéis
e sente uma vontade secreta de atear fogo aos
arquivos.

Adora olhar pela janela. Está sempre olhando pela
janela, muito embora nada aconteça.

Acredita nos homens, entregaria sua vida por eles,
porque é um tolo, um humanista impenitente,
um amante das grandes causas, um aprendiz de
santo, um sofredor pela miséria alheia, uma
vítima do melodramático, um desprotegido con-
tra a chantagem emocional, com uma farpa da
cruz atravessada no coração.

Espera ansioso o momento de lutar pelo proletariado
mas não compreende como se resolverá o pro-
blema de acomodar os milhões de traseiros num
único trono. E se prepara, desde logo, para en-
frentar os burocratas, os donos do poder e o
pelotão de fuzilamento.

Odeia os delegados, representantes, procuradores,
emissários, substitutos, intermediários, signatá-
rios e mensageiros.

Aguarda o suicídio em massa de todos os tiranetes, o
exílio dos Napoleões do brejo e dos almirantes
sem navio, que não fazem outra coisa senão pas-

sar os subordinados em revista e acabam a carreira como soldadinhos de pau, esquecidos num sótão.

Faz amor com irregularidade, porque não obedece a nenhuma tabela nem tem a mulher ao alcance da mão. Prefere a monogamia, não por moral mas porque já lhe é difícil encontrar uma fêmea com sexo e miolos no lugar.

Desconhece o que é café matinal em família, não tem filhos para levar ao colégio, embora ame as crianças e sinta grande inveja dos que nasceram com suficiente mediocridade para as ter sem saberem por quê.

Caminha pela noite, sozinho, à caça de fantasmas, recebe propostas para ser gigolô e sempre se arrepende por não as aceitar.

Parece crescer ao contrário, da velhice para a adolescência. E enquanto aguarda o momento de nascer, leva seu cão raivoso a passear.

A rosa de asfalto

Somos a geração dos jovens iracundos,
a emergir como cactos de fúria
para mudar a face do tempo.

Antes de ferirmos a carne circundante,
comemos o pão amassado pelas botas
de muitos regimentos
e cozido ao fogo dos fornos crematórios.

Foram precisas inúmeras guerras,
para que trouxéssemos nos olhos
este anseio de feras acuadas.
Mordidos de abuses,
rasgados pelas cercas de arame farpado,
já não temos por escudo
a mentira e o medo.
Sem que os senhores do mundo suspeitassem,
cavamos galerias sob os escombros
e nos irmanamos nas catacumbas do ser.
Nossas mãos se uniram como pétalas
ao cerne da mesma angústia
e uma rosa de asfalto se ergueu
por sobre o horizonte.

E porque há entre nós
um mudo entendimento;
e porque nossos corações
transbordam como taças
nos festins da imaginação;
e porque nossa vontade de gritar é tamanha
que se nos amordaçassem a boca
nosso crânio se fenderia,
não nos deterão!
Ainda que nos ameacem com suas armas sutis,
nós os enfrentaremos,
num derradeiro esplendor.

Em breve, a nota mais aguda
quebrará o instante.
Bateremos com violência contra as portas,
até que a cidade desperte;
e com o riso mais puro,
anunciaremos o advento do Homem.
Porque nossas mãos se uniram como pétalas
ao cerne da mesma angústia,
para que uma rosa de asfalto se erguesse
por sobre o horizonte.

A cama de pregos

Tenho o corpo varado de angústias
e não encontro posição de repouso.
Porque aos de minha geração
foi dado existir numa cama de pregos,
entre o espasmo e o grito,
antes da primeira frase se fazer orvalho
contra as paredes da cela.
Não há possibilidade de fuga
para nosso instinto.
Querem que o sexo floresça e murche
em nossas próprias mãos;
ou que o orgasmo seja catalogado
e obedeça aos trâmites legais.
Não há caminho que nos leve à amada.
Todos os corredores conduzem ao vestíbulo,
onde uma enfermeira nos agarra
e nos faz preencher um questionário.
Esconderam as fêmeas em arcas de veludo
e nos iludem o apetite
com mulheres da vida,
com cineminhas mambembes
e filmes de sacanagem.
Mas isto não nos basta,
é preciso um espaço infinito
para nos fazermos ao largo,
como jovens leões que se lançam à planície.
Ah, visões de antigos dias,
farândolas de faunos,
virgens consumidas,
olhos de ciclopes aguardando as madrugadas!
Não haverá nesta cidade uma única mulher
verdadeiramente no cio?
Quero agitá-la como uma bandeira
entre as estrelas
e vê-la tombar,
com a face tranquila.

Sim, deliro,
estamos todos loucos,
nossa energia se dissipa
à beira do caos e do copo.
E contudo é preciso utilizar de alguma forma
esta convulsão incontida.
Mesmo que tudo termine
na cama de pregos,
seguros pela enfermeira
e cheirando clorofórmio.

Não, por Deus,
não me façam uma incisão no crânio.
Eu sei que estou preso num palácio de espelhos
e é preciso quebrar tudo!

Ouço ruído de tambores

De repente, como um enorme ouriço
atirado para um canto,
a cidade morre,
com o sangue latejando
nos anúncios luminosos.
Nesta hora litúrgica,
ouço ruído de tambores.
Saio então às ruas
e procuro meus iguais,
para juntos sublevarmos a cidade.
Agimos de madrugada,
em pequenos grupos,
e cada comando tem os bolsos
carregados de poemas,
para serem lidos nas esquinas,
furtivamente.
Ah, duros tempos
em que é crime
escrever demasiado claro!
Vem, companheiro;
esgueira-te nas sombras
e atira tua rosa
ao ninho de metralhadoras.
Vamos explodir de anseio
debaixo das pontes
e atacar sem trégua, até o último verso.
Avante, companheiros!
Cantemos bem alto,
que a beleza mata
e o riso fere mais que a baioneta.
Levemos de vencida
os velhos renitentes.
Marchemos com um ritmo tão alucinante
que os ancilosados se desmanchem
numa vertigem.
Estalemos os dedos

até a carne verter sangue
e dancemos à volta do inimigo,
incendiando a relva sob os pés.
Venha quem quiser enquanto há tempo;
e saibam todos que, chegada a hora,
não faremos prisioneiros.

Poema da cartomante

Estendo minha mão
e a velha me fala
de um futuro tão remoto
que chego quase a descrer da Bomba.
Ah, deliciosa visão,
promessas de vida longa,
um lar feliz
e até mesmo um nome
para ser honrado.
Lê, mulher; procura
em minha mão
a certeza que me falta.
Aprendeste a profissão
nos tempos de paz
e o futuro que me dás
é o dos meus avós.
Falas-me de um lar
e eu procuro concebê-lo
ao abrigo da guerra que virá
e que eu vejo crescer nas declarações de paz.
E contudo eu gostaria
de que tuas profecias se cumprissem;
que estas coisas não fossem para mim,
mas pudessem acontecer
ao homem simples,
a esse que vai para a fábrica, de manhã,
e não sabe do mundo
para além do próprio quintal.
Segues com o dedo
a linha da vida
e vês tão claro
que por um instante me aborreço
e penso em me levantar.
Mas não quero te ferir.
Afagas minha mão
num gesto maternal

e me devolves ao mundo,
na certeza de que estou mais forte.
Não, eu não te direi nenhuma destas coisas,
porque lá fora os teus netos brincam
e a tarde, vista de tua janela,
promete não ser a última,
não pode ser a última.
E porque teus olhos
me pedem que acredite.

Tentativa para salvar a poesia

A poesia agoniza e eu choro
com medo de perder a vaga
de poeta.
Os mais velhos recomendam
cautela com a emoção,
repouso,
caldo de galinha
e linguagem à antiga.
Os fatalistas lamentam o cinema
e chamam ao nosso século
o das artes visuais.

A televisão é a culpada
– sentencia um jornalista
versado em filatelia,
enquanto uma equipe
de cirurgiões estetas
luta para livrar o coração da enferma
de adiposidades românticas.
E eu, que havia programado
uma carreira nas letras,
seguro a caneta
"como um boi a olhar para um palácio".

Cruzo na sala de espera
com médicos anestesistas
concretistas
praxistas
e derrubo uma bandeja
com letrinhas coloridas,
espaços em branco,
ideogramas chineses
balas
     belas
          bílis
               bolas
                    bulas

e seringas.
Quando dou por mim
estou chutando um caranguejo
e comendo bala de goma
e limpando um cisco na dragona
enquanto o dragão não vem.
Quero ver quem tem
coragem para contestar
leva rasteira quem se levantar
e toma golpe de caratê
e cotovelo na cotovia
e samba de breque
teleco-teco
peteleco na orelha
– segura meu chapa! –
e é só esteta voando
contra a parede
com nariz de sangue
e olho inchado de levar porrada.

Abro a porta
e mando a doente
sair pela tangente
com um tapa no traseiro
e outros babados.

A menina não tem nada, minha gente.
Vai morena, pega teu rumo
e toma tento
que essa frescura
te mata.

Canção para o meu tempo

Não peças ao poeta
uma canção discreta
num tempo de conquistas
e loucura.
Para a liberdade
ou para a morte
é que o mundo caminha:
e isto requer estrutura.

Quando te aproximas
segurando o copo, em pose estudada,
tenho vontade de te dar um murro
para que acordes no século vindouro
com a tua problemática suspirante.

Ah, meu pequeno, a tua vida!
Tua amada te traiu com teu melhor amigo,
não suportas o professor de estética
e teu pai não te deu o carro prometido.
Já não vais à Europa?
Tua vida é lixo
e teus dias se acrescentam à História
como o pipi que as crianças fazem na praia.
Queres um minuto de atenção para o teu soluço
e me agarras o braço
e insistes
e te aborreces quando não escuto.

Espera... na tua agitação
deixaste cair uma gota de licor
na tua calça de flanela.

Aceitas um conselho?
Abandona de vez as festinha de sábado
e lança teus nervos distendidos
até a outra margem
para que os outros,
os que vêm depois de ti,
encontrem passagem.

Sugestões para a elaboração de um novo mural na ONU

Vem, Portinari,
com tua paleta de espanto,
e cobre de verdade
estas paredes transitórias
–brinquedo de magnatas,
móbile de muitas faces
ao sopro do vento americano.

Toma de Patrice Lumumba
a contração da face
e o brilho fugidio
dos olhos apunhalados
pela cobiça europeia.
Põe a saliva a lhe escorrer da boca
e os pulsos amarrados
e indefesos como pombos
surpreendidos.
Faze-o com tanta firmeza
que todos possam ouvir o grito
e compreender o sentido
desse esgar quase animal,
dessa leve e desesperada inclinação
para a frente,
antes do último alento
e do pensamento
arremetido como zagaia
ao coração da besta.
Desenha-lhe os pés
com as plantas voltadas para cima,
pesados e inúteis.
Não uses o vermelho.
Mas que todos vejam o sangue,
que toda a cena
seja uma golfada de sangue

a impregnar os tapetes
e a descer pelas escadarias,
até o rio Hudson.
E que os diplomatas,
os funcionários
e os visitantes
sintam úmidos os sapatos
e não possam,
olhando para ele,
permanecer impassíveis.

Adiante, ergue uma pira de mortos
a iluminar a noite dominicana,
enquanto os embaixadores
jogam palavras cruzadas,
procurando combinar
"Imperialismo" e "Liberdade".

Não te esqueças da coluna de famintos
e dos soldados *yankees*
distribuindo alimentos
e barras de chocolate.

Estende, ao centro,
um canavial em chamas
aceso pelas bombas
no ventre de Cuba.
E faz com que o riso das milicianas
ecoe onde se prolongava
o *week-end* americano.

Dominando a cena,
desenha o tigre calvinista
erguendo Hiroxima nos dentes
e ao redor do seu hálito de fogo
a palavra de Cristo
numa inscrição latina.

Junto à bandeira francesa
rasgada em Dien-Bien-Phu,

traça o Paralelo 38
em que se desfez o mito
do exército invencível.
E quando reproduzires
a tragédia vietnamita, usa o estilo pontilhista
para que se tenha ideia
do número de bombas
lançadas sobre cidades abertas.

Se estiveres cansado
e desejares o repouso
dos teus meninos Brodowski,
lembra-te dos negros
de Luther King
e dos estudantes
mortos no Mississippi
junto à cruz incandescente.
Eu te sustentarei o braço
e juntos prosseguiremos
na elaboração deste mural
que apesar do teu gênio,
Portinari,
parecerá aos homens do futuro
uma pálida aquarela.

Banana split

Aos que devoram o mundo
tranquilos, como se comessem
uma *banana split;*
aos que usam as assembleias
como balcão de negócios,
na esperança de vender
seu estoque de bombas;
aos banqueiros internacionais,
pressurosos em atender
os mendigos de Estado,
em troca de pequenas concessões;
aos que plantam suas máquinas
em terras estrangeiras,
para espremer os frutos,
o solo e as gentes;
àqueles que falam doce
e mandam seus missionários
catequizar os gentios
com hinos de dúbia letra;
aos amantes da ciência,
magos e feiticeiros,
hábeis em curar moléstias
geradas por eles mesmos;
aos que levam nosso ferro
e areias monazíticas
e nos devolvem em troca
o saldo de suas festas;
aos que matam nossa fome
com sacas de feijão podre
e nos afogam a sede
num mar de refrigerantes;
aos que abrem suas asas
sobre nossas cabeças ocas
e nos fazem aliados

contra o inimigo deles;
enfim, a todos aqueles
que usando de artimanhas
suas artes nos ensinam,
nossa gratidão eterna.
E a promessa de que um dia,
tão logo estejamos prontos,
retribuiremos em dobro.

No caminho, com Maiakóvski

Assim como a criança
humildemente afaga
a imagem do herói,
assim me aproximo de ti, Maiakóvski.
Não importa o que me possa acontecer
por andar ombro a ombro
com um poeta soviético.
Lendo teus versos,
aprendi a ter coragem.

Tu sabes,
conheces melhor do que eu
a velha história.
Na primeira noite eles se aproximam
e roubam uma flor
do nosso jardim.
E não dizemos nada.
Na segunda noite, já não se escondem:
pisam as flores,
matam nosso cão,
e não dizemos nada.
Até que um dia,
o mais frágil deles
entra sozinho em nossa casa,
rouba-nos a luz, e,
conhecendo nosso medo,
arranca-nos a voz da garganta.
E já não podemos dizer nada.

Nos dias que correm
a ninguém é dado
repousar a cabeça
alheia ao terror.
Os humildes baixam a cerviz;
e nós, que não temos pacto algum
com os senhores do mundo,

por temor nos calamos.
No silêncio de meu quarto
a ousadia me afogueia as faces
e eu fantasio um levante;
mas amanhã,
diante do juiz,
talvez meus lábios
calem a verdade
como um foco de germes
capaz de me destruir.

Olho ao redor
e o que vejo
e acabo por repetir
são mentiras.
Mal sabe a criança dizer *mãe*
e a propaganda lhe destrói a consciência.
A mim, quase me arrastam
pela gola do paletó
à porta do templo
e me pedem que aguarde
até que a Democracia
se digne aparecer no balcão.
Mas eu sei,
porque não estou amedrontado
a ponto de cegar, que ela tem uma espada
a lhe espetar as costelas
e o riso que nos mostra
é uma tênue cortina
lançada sobre os arsenais.

Vamos ao campo
e não os vemos ao nosso lado,
no plantio.
Mas ao tempo da colheita
lá estão
e acabam por nos roubar
até o último grão de trigo.
Dizem-nos que de nós emana o poder

mas sempre o temos contra nós.
Dizem-nos que é preciso
defender nossos lares
mas se nos rebelamos contra a opressão
é sobre nós que marcham os soldados.

E por temor eu me calo,
por temor aceito a condição
de falso democrata
e rotulo meus gestos
com a palavra liberdade,
procurando, num sorriso,
esconder minha dor
diante de meus superiores.
Mas dentro de mim,
com a potência de um milhão de vozes,
o coração grita – MENTIRA!

Tropas

Tropas
tropas
tropas
tropas
muitas tropas.
De infantaria,
cavalaria,
motorizadas
e subaquáticas,

Tropas
tropas
tropas. . .
Silenciosas,
modestas,
agressivas,
galantes,
sub-reptícias.

Tropas ligeiras,
tropas só-de-longe,
com foguetes.
Tropas sozinhas,
abandonadas.
Tropas acolchoadas,
carregando a Bomba.
Tropas em decúbito,
no mato,
acantonadas.

Tropas de burros,
com seus tropeiros.

Tropas cansadas.
Tropas descendo leves,
flanantes.

Tropas
tropas
tropas
de negros,
mulatos,
gigantes.

Tropas de boa farda,
engomadas,
mercenárias,
entusiasmadas,
ousadas.
Tropas empurradas.
Nas ruas,
nos vales,
nos navios,
nos bailes,
nos escritórios,
tropas.

Evidentes,
disfarçadas,
à paisana,
olhando sobre o meu ombro.

Tropas minúsculas,
ridículas,
simbólicas,
livres,
comprometidas.
Tropas de favor,
estocadas,
boloradas.

Tropas de louvação.
Tropas de bajulação.

Tropas enganadas,
cabisbaixas,
conscientes.

Tropas envergonhadas.
Tropas derrotadas.

Nova presença no mundo

Para meu povo advogo
nova presença no mundo.

Os canhões têm sua voz,
os capitais capitães
e a morte generais.
O que temos nós?

Vamos à ONU de casimira inglesa
e nos sentamos à mesa
com os maiorais.

Mas acabado o discurso,
comemos na cozinha.

Nossos ministros se confundem
em vários idiomas,
discutem Robbe-Grillet
e reencontram companheiros da Sorbonne
ao som de cubos de gelo.
Às vezes têm saudades
dos serões da província.
Mas, por mais que alisem o cabelo
e policiem o sotaque,
não podem esconder a condição de mulatos,
representantes de uma república
movida a carvão.
Ah, como eu os compreendo,
eu, poeta, bacharel e branco,
educado nesta Europa meridional,
nesta São Paulo casa-grande
tão à margem da senzala.
Compreendo mas não perdoo
como também não me perdoo
pelos meus refinamentos
e por esta nostalgia,

este banzo ao contrário
por uma terra estrangeira
de onde nos vem a cultura
mas tão distante do sangue.

É hora de acordar o bugre
e mandá-lo, assim, de tanga,
na sua crua verdade,
embaixador da miséria
e desta falta de fibra
que nos avilta e consome.

Para meu povo advogo
um pouco menos de fome,
um pouco menos de ajuda,
um pouco menos de leite
que de tão fotografado
me faz azedar o estômago;
um pouco menos de armas,
obsoletas, manetas,
que se tornam pó de traque
na cara de quem atira
e custam os olhos da cara.

Para meu povo advogo
uma peste de cartilhas,
uma praga de ferramentas
e um pouco menos de pastilhas,
xaropes e outros macetes
da farmacopeia Rockefeller.

Para meu povo advogo
a voz e o voto;
uma voz sem impostura,
empostada e não imposta.

E mais: uma lei exata
que se lance como um prumo
e que ao exame do olho

não me ponha zarolho
de tão dúbia e sinuosa.

E um salário não tão mínimo,
que nele caiba completa
uma família operária
sem vales e sem susto.

Para meu povo advogo
uma nova mentalidade,
que faça da tribo nação
e da nação potestade.
Mas de gente companheira,
sem esnobismo, vaidade,
sem estátuas de liberdade
e *slogans* e *advertisings*.

Para meu povo advogo
não a iluminação divina
mas jovens iluminados
que saibam tomar o pulso
deste gigante enfermiço
e ministrar-lhe o laxante
para curá-lo de vez
das discórdias intestinas.

A vida

Não chores, meu filho;
não chores, que a vida...

A vida...
Vamos juntos
pensar a vida,
pesá-la,
sopesá-la;
mas, sobretudo,
vivê-la.

Vamos construir castelos
na areia,
nas nuvens,
ou de cartas,
mesmo que ao sopro
de um contratempo
caiam pesados,
sem graça?
Enquanto valetes brigam,
fujamos nós com a dama.
Porém, nos lances decisivos,
saibamos jogar pesado,
sem nos mantermos em copas.
Não nos furtemos à vida.
Antes roubarmos à mesa
do nosso frio escritório
alguns momentos de sangue,
do que morrermos exangues,
pobres múmias ignotas.
E quanto à luta renhida,
lutemos só pela vida
no que ela tem de verdade.
Saibamos terçar espadas
em favor de uma beldade,

ou arrisquemos a pele
numa praia ensolarada,
tomando muito cuidado
para não desperdiçá-la
na defesa de chavões.
Morrer, só *in extremis*,
e mesmo assim,
pelas causas populares.
Mas que sejam tão populares
que nelas esteja envolvida
toda a população.

Vamos amar a vida,
amá-la com toda a garra,
como coisa que se pegue,
palpitante e breve
seio glabro.
Vamos correr com ela
ao redor da mesa posta
de nossos sonhos gastos.
E que nossa alma se espalhe
numa espiral de papéis
e planos
e premeditações
sempre adiadas.

Que leve tudo à breca!
Vamos despir a beca
e plantar um ovo careca
no ventre dessa boneca.
Engravidemos o mundo
num espasmo que nos venha
do fundo de nossa espinha
de peixes muito chupados
por beiços murchos, famintos,
de velhos pajés
numa tribo quase extinta
– pangarés, três vezes trinta.

Vamos tirar as frases
coladas ao céu da boca
e com elas fazer sopa
de letrinhas?

Vamos puxar ladainhas
de palavras obscenas
e brincar de *gira-mundo*,
girando mudos
na cena
deste enorme circo?

Gozemos enquanto há tempo
a visão deste coalho,
nesta cidade caolha
– sociedade coalhada
numa terra avacalhada.
Façamos de tudo nada.
Joguemos a juventude
numa latrina esmaltada
e deixemos que o murmúrio
carregue para bem longe
a guirlanda de nossos sonhos.
Brinquemos de ser-de-nada.

Vamos olhar a vida
como quem está de fora,
sentindo que nosso tempo
escorre na ampulheta
enquanto um Capitão-Perneta
nos conduz na sua nau
Catarineta?

Vamos gritar SOCORRO,
para ver se nestas bandas
algum *hombre de cojones*
surge de capa e espada
para ser nosso Zorro?

A vida . . .
Que diremos nós
quando as crianças perguntarem
o que é a vida?
Bala perdida?
Vela consumida?
Frase estarrecida?

Aqui vamos nós,
ao redor da espinhosa pera,
às cinco horas da manhã.

Vamos de cabresto
mansos cavalinhos,
cavalinhos brancos

mastigando frescas distrações.

Aqui vamos nós,
feitos numa fôrma,
todos quadradinhos,
para sermos postos
no fundo do copo
de Mr. Gold.

E a vida?
Jaz esquecida na rouparia
enquanto deslizamos
ao terceiro dia
deste Carnaval.

Na Terra dos Brucutus

Na Terra dos Brucutus
quem tiver tacape é rei
para quem anda de tanga
a força bruta é a lei.

Na Terra dos Brucutus
os jornais não dizem nada
que o Rei-Brucutu não queira;
e o Conselho dos Pajés
não passa de brincadeira,
jogo sutil de palavras
que logo depois de impressas
nas folhas de bananeira
se tornam murchas, vazias.

Na Terra dos Brucutus
os nativos não conhecem
as coisas boa da vida
e cumprem suas tarefas
com a alma ressentida.
Os feiticeiros da tribo
prometem anos melhores
e contam a velha história
do povo Pele-Vermelha
que morreu a chumbo e fome
e hoje, com outro nome,
se vê coberto de glória.

Às vezes, no meio da taba,
confirmando a mesma lenda,
surge um guerreiro estrangeiro,
falando língua de gente;
mora na praia Vermelha,
envolto em grande mistério
e dizem que o ministério

encarregado da guerra
nada resolve sem ele.

Na Terra dos Brucutus
ninguém se quer responsável
pela miséria da tribo;
acreditam na banana
como fator ponderável
no balanço das rações
e citam mesmo nações
que atravessaram o tempo
comendo apenas arroz.
A banana é tão saudável
– dizem os sábios da taba –
que tribo Pele-Vermelha
concede sua amizade
aos reis que fazem seu povo
plantar bananeira.

Na Terra dos Brucutus
o trabalho é planejado
por um nativo instruído
que passa os dias fechado
em sua bananoteca,
procurando a diferença
entre o ter e o não ter.
É um homem respeitado,
mais de um que de outro lado
do Grande Rio.
Às vezes sai de piroga
e se alguém o interroga
sobre as razões da viagem,
responde laconicamente:
A Balança Orçamentária.
Volta sempre com novo empréstimo
de ossos, conchas e contas.
Contas que são colares
para dobrar o pescoço
de tão pesados e caros.

Na Terra dos Brucutus
são assim todas as coisas,
de rara cosmogonia.
São quase pornografia,
de tão cínicas, fechadas,
girando sobre si mesmas.
Um reino tão desolado,
que a juventude da tribo
resolveu cruzar o rio
e esperar do outro lado
que o Rei e seus Pajés
morram empanturrados
de banana e decretos.

LIVRO III

Mais forte que James Bond

Mais forte que James Bond
é o meu vizinho:
um cansaço, um fracasso
"que se lhe vê na cara",
nos óculos engordurados,
presos com esparadrapo.
E nas calças.
Ah, os fundilhos do meu vizinho,
que desastre! Que abundância de panos!
Um sino de brim
badalado por um rabo mirrado,
milhões de pancadas
para matar a meia-fome da família.

Aventuras internacionais
a serviço de Sua Majestade?
Qual o quê!
A limusine do meu James
leva tantos auxiliares
do Corpo de Espionagem
que apesar de ser espia
ele não vê sequer a paisagem.

Às vezes sonha, coitado,
com um carro blindado,
para enfrentar o Satânico
Doutor Supersônico
na pista do Aterro.
Mas sonhar é um erro
para os que se deixam embalar
na razão inversa do quadrado
(e o Rio é comprido...)
das distâncias.

Lá se vai o meu James
dando sola ao sol do meio-dia,

a delícia dos outros
comichando na retina
de fazer chorar,
tanta coisa linda
a caminho do mar.

Mulheres teve algumas,
até que apetecíveis;
mais isto foi ao tempo
em que a atual proprietária
andava distraída.
Nada de missões extraoficiais.
E a carne, de tão fraca,
já não desliza mais, nunca mais.

Aos domingos, pega na família
e vai gozar bom tempo
na Côté de Belle Mère.
Bela mer...
Quando o vejo de volta,
"de nódoas condecorado",
inflacionado de filhos,
bem posso imaginar,
pelo olhar abatido,
as torturas que terá sofrido.

Pobre, pobre James!
De que lhe vale o caratê diário
de bancário?
E a maletinha-camuflagem
para sanduíches
com escaninho
e cápsulas de café mortífero?
Pra que discutir no serviço
a melhor maneira de dar sumiço
no coreano-lança-cartolas-corta-bolas,
se tem a própria vida metida na cartola?
Afinal, o que sente o meu vizinho
diante de tanta beleza e abundância?

Minha esperança é que um dia este meu James
comece a espionar em causa própria;
pois nem sempre se vive duas vezes
para encontrar o sentido da mensagem:
ser espião sem saber o que se espia
é trabalhar para a contraespionagem.

Considerações para a execução de um salto mortal

Considerando-se que o acrobata
é também um alpinista, um exibicionista
que escala o espaço às avessas,
aconselha-se o salto a grande altura,
sem qualquer impostura
ou redes de segurança.
Se o acrobata for uma criança
recomenda-se o uso da capinha
para que tenha, ao morrer,
a ilusão de ser o Homem-Morcego.
Os velhotes, de preferência,
devem guardar o leito;
mas se algum mais atrevido
insistir na tentativa
prove bem a resistência das ceroulas;
que não se perca uma vida
apenas por negligência.
Mas isto, por certo, é exceção.
Quem se lança para a morte senão a juventude?
Não se trata de atitude,
como quer a maioria,
para chocar a sociedade.
É a própria mocidade
que nos impele ao abismo
dada a velocidade com que andamos pelo mundo.
Os velhos fazem turismo e desenham arabescos
à procura de ruínas e lugares pitorescos.
Pensam no futuro, na posteridade,
e têm necessidade da fotografia.
Nós vemos apenas a estrada
e o lugar a que nos leva.
Não que nos faça mal um rebanho de cabras,
uma colina – digamos, verde –
ou uma cena campestre à entrada de uma aldeia.

Sabemos que isso existe
e que há de tudo na vida;
mas não temos a ideia de frear nosso destino
para dizer boquiabertos: que lindo!
Estamos sempre atentos
e vivemos a beleza a cada minuto que passa.
É preciso ser uma traça
para gozar vinte dias o delírio da exclamação
e, acabadas as férias, retomar a hibernação.
À juventude, portanto, cabe zelar pela arte
de se lançar no vazio,
sem que isto consista em amor ao calafrio
ou êxtase masoquista.
A ninguém se recomenda a tentativa do salto
sem um bom golpe de vista.
E muito menos a venda;
a não ser que se trate
de um verdadeiro artista.
Há também a questão do estilo.
No salto metafísico,
o acrobata se lança para o alto
e no caso de errar o salto
sobe, em vez de cair.
Já no estilo dialético
se pode ser quase profético
e prever o resultado;
o voo é menos ousado
e se compõe da sucessão de pequenos saltos
dos quais o derradeiro
é sempre consequência do primeiro.
Há o salto da guerrilha,
a que só uns poucos se atrevem.
Mas o mais comovente
é o grande salto para a frente
em que milhões de acrobatas
tentam dar o passo maior que a perna.
Exige nervos, energia, noção exata do tempo
e uma certa dose de poesia.
Um leve rufar de tambores

pode causar seu efeito;
e um punhado de medalhas
dependuradas no peito
não vai mal quando se tem um certo jeito.
A escolha do trapézio, da corda
ou do mergulho rente aos arrecifes
é totalmente aleatória.
Às vezes a maior vitória se dá num escritório
sem que ninguém suspeite de que o burocrata
é em verdade um acrobata
à beira da demissão.
E o que dizer do sacristão?
Não será também um permanente candidato
a cair em tentação?
Daí a regra de ouro:
a oportunidade surge
quando menos se espera.
O acrobata é um atento
que sobrevive do alento
entre dois saltos.
Não tem repouso aos domingos
nem férias no fim do ano;
e sua vida é um plano
minuciosamente estudado
para dar errado.

Oh, como eu gostaria de amar uma garota de Chelsea!

Aos sábados,
King's Road
é uma passarela
onde Cinderela
desfila
psicodélica.
Fardas militares,
óculos vermelhos,
casais moderninhos,
cabeleiras, bigodes, costeletas,
pubs (bares, ou mais que isso)
e as butiques
bricabraques de trambiques
pop-hippies,
art-nouveau;
Mary Quant só perde
para a Apple (dos Beatles)
na esquina da Baker Street,
a rua de Sherlock Holmes.
Minissaias em Carnaby Street;
Jean Shrimpton e Twiggy;
Mini-Moke, o carrinho conversível
de um pra-frente incrível;
carruagens, diligências,
triciclos, motocicletas,
Ferraris e Lamborghinis,
redondos, ovais, pontudos,
tudo menos quadrados.
Piccadilly Circus,
Trafalgar Square,
arrulhar de pombos
nos ombros dos hippies.
Adornos, quinquilharias,
contas de vidro, cartazes,

velharias
no Chelsea Market.
E eu, vestido de almirante,
meditando diante
da estátua de Nelson.
Oh, como eu gostaria
de amar uma garota de Chelsea!
Passearmos descuidados,
sem sermos molestados:
"Olhe, meu bem, você tem
uma samambaia
crescendo no ouvido"...
Nenhum espanto,
nenhum pescoço torcido
ou cotovelo no braço
do marido distraído
quando eu a abraço.
Obrigado, não fumo.
E se fumasse?
Nada de batida da polícia,
processo, notícia.
Oh, como eu gostaria
de amar uma garota de Chelsea!
Levá-la ao casarão
sem porteiro ou zelador
que metessem as patas
nas coisas do amor.
E num gesto mais afoito,
a descoberta do ser,
indolor.
A revelação da forma,
a variedade da cor,
as múltiplas possibilidades
do sabor;
a pesquisa do olfato e do tato,
a mágica viagem dos cristais
sobre a pele,
as rugas, os poros,
os sinais e canais subterrâneos;

as unhas, os cabelos,
a profanação dos zelos
mais secretos.
E por fim correr os olhos pelo quarto
e encontrar uma campina
florescendo na camisa.
Oh, como eu gostaria
de amar uma garota de Chelsea!
Mesmo que passasse fome.
Nunca pensar na fome.
Nem me lembrar de que ela existe.
É isto que me põe triste:
a consciência da fome
e a garota de Chelsea!

Poema do amor impossível
a Candice Bergen

Candice candy
lovely sweet
sexy vamp
Candice Bergen!
Ergo-te um brinde
de erva-doce
como se fosse fino frapê
de LSD.
Musa diva mito
misto de absinto
e creme de hortelã:
sou teu fã.

Faça-se um pôster do teu rosto
para delírio da massa ocidental
de causar inveja ao próprio Mao.
Quem se negaria a trabalhar em dobro
alimentado pelo teu quase-sorriso,
tão monaliso?
Serias meta, recompensa, prêmio-produção
cravado com fitinha multicor
no coração do vencedor.
A indústria nacional ia à falência
de tanta saliência.
Atingiríamos o mais alto índice
de masturbação *per capita*,
exportaríamos Candices mulatas, olhos azuis.
Quem sabe o exemplo de tua rebeldia
nos libertasse da tirania
do preço, do plano, do lucro?
Serias acessível pelo crediário,
subversiva à ordem dos fatores,
alteração do produto.
Para os mais pudicos,

faríamos santinhos com a tua imagem;
te chamariam Maria
– não digo virgem, sei lá...
Ah, não haveria padre que chegasse
ao fim da missa!

À breca os céus das Escrituras.
Tu estarias ali, tão próxima,
ao alcance dos dedos.

Perdoa esse delírio pansexuado, Candy.
Teu olhar tão doce
não merece a agressão tropical
dos meus sentidos.
Candice, Candice, anjo de candura,
anjo planejado,
musa abundante
polifalante,
Diana exata
multigalante...
Branda mentira,
promessa além-possibilidade,
fizeram-te os deuses da vária indústria
para escarmento de minha angústia.
Celuloide tenro,
servem-te em cores, tão sofisticada
que os miseráveis nem sabem
como comer-te.

Ah, Candice, candy,
anjo ou demônio
ou lá o que sejas,
tu, que voas com a facilidade
com que vou de bonde
(sem o bonde)
ao Largo do Machado,
ouve o meu chamado!

Nada te custa o devaneio
de uma noite mal premeditada

para caíres esgotada nos meus braços.
Vem flanar fim de semana
em Copacabana, Ipanema,
longe do cinema,
das cinematecas.
Vem ver as bonecas
da Lapa,
tantas delas com teu nome.
Oferece-te em holocausto
a este povo quente.
Levo-te ao Veloso,
de onde Tom subiu para o mundo.
Lá tem o elixir da longa vida
guardado em cristal suado;
e um embalo no fim da noite,
com suspiros ao luar
e uma areinha fina de amargar.
Se chegares de surpresa
não perguntes por mim:
ninguém me conhece.
Pega a chave com o zelador
e deixa cair essa beleza
no meu colchão de crina
que é duro mas ensina
a essência da vida.
Meti um prego atrás da porta
pra dependurar tua roupinha;
e procurando bem eu sei que tem
até uma toalha, meio usada,
no caso de cê tá cansada
e a fim de abluções.
Fica à vontade.
Eu chego um pouco tarde.
trabalho de *copydesk*
– sabe como?
Já escrevi até sobre você.

Dudu psicodélico

1

Sou um poeta vago-simpático,
meio lunático, psicopático;
sou um poeta de um povo angélico,
triste, famélico, psicodélico.

Sonho colorido: meu povo sofrido
ganhando um estojo de tintas berrantes
e o que era antes miséria e desgraça
renasce com graça, coberto de flores.
Todo mundo pintado, contente da vida,
de fantasia o ano inteirinho
– carneirinho, carneirão, neirão, neirão.

Caminho contra o vento
e a porrada do sargento;
cacete florido, fuzil colorido, fio comprido,
choque vermelho no aparelho
azul, mertiolate,
bico de pato na moleira do mulato.

Sou um poeta vago e simpático.
Pintei de alegria o meu estandarte,
sou jovem, sou forte, lindo de morrer;
sou vivo na arte de sobreviver.

Na selva do asfalto, nasci e cresci;
sou novo tapuia, sou novo tupi.
Não tenho remorso de estar bem por dentro
e ver os de fora torcendo por mim.
A vida é tão boa, tão curta e fugaz
que deixa pra trás quem pensa na vida.
Aqui vamos nós bolando de estalo
e tomando o poder;
poder do dinheiro, da fama, do riso,
ah, que paraíso chegar afinal

à crista da onda, surfando legal!
Embriagante. Emocionante.
Abro a matraca e o povo me atraca.
O povo me ama. O povo quer circo
(o pão anda curto).

Dá-lhe, Dudu!
Conchava, planeja, avança, triunfa:
tua cidade confia em ti.

2
Pesadelo, tremedeira;
morrer sufocado pela bananeira.
Atravesso a campina que nunca termina;
e o bananal avançando,
um exército de bananas,
uma república de bananas.
Eu sou uma banana! Tu és um banana.
Recuso-me a crer que não haja saída, puxa vida.
Trópico? Tropicália?
De Câncer? Capricórnio?
Capa de revista, manchete, entrevistas,
reconhecimento à primeira vista.
A banana é minha! A banana é nossa!
O país está embananado
(um peru fugiu a nado
na véspera do Natal).
Francamente, que decepção,
vir a cento e vinte na contramão.
Menino, tira a mão do pirulito!
E o senhor marechal, em meio ao bananal,
quer que lhe faça uma ode triunfal?

3
Manifesto de um embananado

Estar deste lado
é tão fascinante
quanto do outro

predominante.
Ser rico ou pobre
já não importa
a quem abre a porta
Saber esperar
é estar adiante
mesmo que atrás
no mesmo instante.
Não vou de carrão
na superestrada
de dez autopistas
mas posso chegar
ao mesmo lugar
sem nunca lá estar.
É uma questão
de ter dimensão.
Comer a salada
bem temperada
ou comê-la sem nada
só faz diferença
quando se tem
apego à salada;
que é quase nada.
Conforto de hotel,
aquecimento central,
cobertor triplotérmico,
geladeira multidimensional?
Beber a cerveja em cans I can not
nem tenho moedas
para tanto esplendor
refrigerante.

Ignorante
em subir e descer
escadas cinéticas
elevadores robôs,
seria amassado
num supermercado
por tamanha abundância.

Não tem importância.
Não guardo rancores
dos meus senhores;
porque as razões
para odiar
são eles quem têm.
Sou zero, ninguém.
E os zeros são tantos
que a soma se enrola
nos computadores.
Cumpro a tarefa
com boa intenção
e de coração
amo o irmão
– zero como eu.
A boa intenção
se perde na altura
da Consolação
(uma Quinta Avenida
subdesenvolvida
recém-reformada
a bem da vazão).
Não tenho preguiça;
o mal é fraqueza
de quem não consome.
Anotem meu nome:
Fome.

4

Dudu, o salto do teu sapato
é um indício
de que as coisas não vão bem.
Se fosse um artista,
que artista seria?
James Dean.
James Dean de subúrbio.
Evtuchenko do brejo.
Que falta de grandeza!
Entre cem carros,

noventa e nove são Vokswagen.
Dudu, estás contra a parede,
grita, geme, Dudu Psicodélico,
chama pelos rebeldes
da tua cidade,
pelos amantes do amor e da flor!

Senhor Manoel Bandeira:
para ser hippie
é preciso deixar crescer a cabeleira?
Resiste, Dudu,
os bitiniques chegarão
antes que a cárie te devore o cérebro.
Bitiniques classe média,
bitiniques com Q U!

Sou um poeta vago-simpático,
um cavaleiro da triste figura
numa república sem compostura.
Seu Juvenal, fila D, nº 33,
o senhor acaba de ganhar uma GE!

A banana me espreita,
o tempo é fatal,
sou jovem, perdoem,
não faço por mal.
Bacalhau para o povo!
Cebolas para o povo!
Como é dona Chandica,
a senhora já engraxou a cuíca?
E aquela buzina,
que é a própria América Latina.

Margarida, Carolina,
sou cavaleiro,
soy loco por ti
Januária
na janela mortuária do meu povo.
LSD na cuca do Pinduca?

Pés de tangerina?
Céus de marmelada?
Bananada
Nada.

5
Salto qualitativo:
escapar por um triz,
fugir para a matriz.

New York!
Mal posso acreditar.
Sensacional estreia de Dudu Psicodélico:

DUDU APERTA OS PARAFUSOS DA
PONTE DE BROOKLIN
– onde Maiakóvski,
antes dele,
cresceu até ficar maior
que a própria ponte.
Parafusos.
Diálogos confusos.
Where did you learn your English?

—

Alguns poemas de *O tocador de atabaque* não constaram da
primeira edição do livro porque estavam extraviados. Recupe-
rei-os recentemente, graças ao zelo de uma amiga, Mônica do
Prado Dantas, que os guardou durante cerca de vinte anos.
Os poemas certamente não valem essa dedicação mas, de
qualquer forma, senti um grande prazer em relê-los e agrade-
ço a Mônica não só pela conservação dos originais como tam-
bém pela preservação de tão longa amizade.

E.A.C.

SALAMARGO

1970-1982

Da nossa vida, em meio da jornada,
Achei-me numa selva tenebrosa,
Tendo perdido a verdadeira estrada.

DANTE ALIGHIERI

Salamargo

Salamargo é o pão de cada dia;
pão de suor, amargonia.
Amargura por viver nesta agonia,
salamargando a tirania.

Salamargo é o tirano, segundo a segundo
amargo sal que salga o mundo.
Assassino das manhãs, carrasco das tardes,
ladrão de todas as noites
e de seu mistério profundo;
carcereiro de seu irmão, a transmudar
a fantasia em noite de alcatrão.

Amargo é o fado de nascer escravo,
amargonauta em mar de sal,
nesta salsa-ardente irreal em que cravo
unhas e dentes, buscando viver
como um bravo entre decadentes.

Salamargo, tão amargo quanto
o mais amargo sal, é comer
o pão de cada dia sob o tacão
da tirania. Um pão amargo,
sem sal, pobre de amor e fantasia.
Salamargo existir sem poesia.

Outra canção do exílio

Minha terra tem Palmeiras,
Corinthians e outros times
de copas exuberantes
que ocultam muitos crimes.
As aves que aqui revoam
são corvos do nunca mais,
a povoar nossa noite
com duros olhos de açoite
que os anos esquecem jamais.

Em cismar sozinho, ao relento,
sob um céu poluído, sem estrelas,
nenhum prazer tenho eu cá;
porque me lembro do tempo
em que livre na campina
pulsava meu coração, voava,
como livre sabiá; ciscando
nas capoeiras, cantando
nos matagais, onde hoje a morte
tem mais flores, nossa vida
mais terrores, noturnos,
de mil suores fatais.

Minha terra tem primores,
requintes de boçalidade,
que fazem da mocidade
um delírio amordaçado:
acrobacia impossível
de saltimbanco esquizoide,
equilibrado no risível sonho
de grandeza que se esgarça e rompe,
roído pelo matreiro cupim da safadeza.

Minha terra tem encantos
de recantos naturais,
praias de areias monazíticas,

subsolos minerais
que se vão e não voltam mais.

A chorar sozinho, aflito,
penso, medito e reflito,
sem encontrar solução;
a não ser voar para dentro,
voltar as costas à miséria,
à doença e ao sofrimento,
que transcendem o quanto possam
o pensamento conceber
e a consciência suportar.

Minha terra tem palmeiras
a baloiçar, indiferentes
aos poetas e dementes
que sonham de olhos abertos,
a rilhar os dentes.

Não permita Deus que eu morra
pelo crime de estar atento;
e possa chegar à velhice
com os cabelos ao vento
de melhor momento.
Que eu desfrute os primores
do canto do sabiá,
onde gorjeia a liberdade
que não encontro por cá.

Tive um sonho

Tive um sonho que em tudo
foi pesadelo; desenrolado novelo
cuja ponta, perdida,
me deixou prisioneiro
deste labirinto, sem saída.
Sonhei que era brasileiro,
nascido em Niterói
em signo de Peixes,
misto de monge e bacante,
com vocação de herói
marca barbante.
Retirado a ferros
do ventre materno, em noite
de março, mergulhei no mundo
com uma timidez que hoje
disfarço; e um fundo sentimento
de que a imersão na carne
deste país constituía um disparate.
Em mil novecentos e trinta e seis,
o Brasil era um bugre tropical,
uma caricatura de nação,
recortada em cartolina e papel crepom.
Não cheirava nem fedia
no cenário mundial
a não ser em aquarelas
arlequinais, filmadas em vivas cores
sob os coqueirais.
Emergi do ventre em clima
de serpentina e confete,
muita cachaça e alegria.
Bons tempos: ingênuos,
superficiais, mas – oh mistério! –
tão reais. A vida, menos sofrida,
era de causar inveja
aos turistas que, nos areais
de Copacabana, fotografavam

a BANANA em festa de sol.
Mas algo em mim gritava:
não creias, poeta, nessa facilidade!
A felicidade existe, sim, mas nós
górdios tramam para atá-la
ao tronco; dia virá
em que as areias dessa praia
se tornarão um mangue
de suor e sangue.
Não dei ouvidos e mamei.
Cresci, amei, chorei, sofri
– uma vida, enfim, de mortal.
Mas um mortal que de Píndaro
rejeitava o conselho conformista:
"Não desejes ser um deus;
para o mortal, sonhos de mortal".
Haverá conselho mais banal?
Que homem, embora aniquilado,
enfermo, derrotado, não sonha
muito acima do que pode a carne?
Eu, por mim, não deixava
por menos: queria ser um deus.
Não só isso; pensava que os meus,
os anônimos que via pela rua,
olhar posto no chão, vencidos,
eram anjos esquecidos
de sua condição. Um dia,
gritariam em uníssono o grande NÃO,
universal, irretorquível, definitivo.
E lançariam de si
a lepra social da servidão,
os grilhões da miséria,
o flagelo da mentira,
da humilhação.
Mas acordei do sonho;
e no que vi, me consumi.
Os melhores dentre os deuses
estavam mortos; e os demais
– pobres humanos – absortos

em seus negócios pessoais,
ocupados em manter o alento
nas próprias fossas nasais.
A divindade se foi,
como tanta ilusão da mocidade.
E embora perdido, sem novelo
nas masmorras deste pesadelo,
hoje ao menos sei: homem humano,
brasileiro, precário,
escravo sou e por muitos anos
ainda o serei. Mas a saída
não esqueci: lá, onde a luz
espera aqueles que não traíram
o melhor de si.
E ao pesadelo, aos suores frios,
ao terror da noite
e seus minotauros, respondo,
aos gritos, em nome
de todos os aflitos:
eu sou um homem!
eu estou aqui!

Parrésia

E estávamos emparedados
num bloco de treva e nudez.
E como não houvesse ar,
aspirávamos a memória e dela vivíamos.
Depois, caídos no esquecimento,
sentimos que nossa língua se petrificava
e o coração já não batia.
Restavam apenas algumas cenas fugidias
– troar de botas, raio de luz
na acerada superfície dos grilhões.
E assim permanecemos, até que um arrepio
varreu as últimas lembranças
e nos deixou vazios.

Foi então que a primeira voz soou,
fazendo tremer a treva.
E como num desfiladeiro infinito,
ecoaram outras vozes,
próximas e distantes, incompreensíveis
a princípio, mas familiares.
Para elas não havia trevas, nem silêncio, nem medo.
Ergueram-se, irremediavelmente livres,
e gritaram toda a verdade que havíamos calado.

Súbito, romperam-se as paredes de granito
e um ruído de asas fugidias
nos fez estremecer ainda uma vez.
Abrimos os olhos e tateamos
em direção ao novo dia.
Alguns balbuciaram uma tímida acusação
e logo estávamos a correr e a dizer imprecações;
como se acordássemos de um sono profundo
e desejássemos reaver os anos perdidos.
E tudo voltou a ser como antes;
salvo quando nos lembrávamos,
com tristeza e vergonha,
de que tínhamos sido libertados
pelas vozes de nossos mortos.

Três poemas portugueses

I. Quanto a mim, sonharei com Portugal

Às vezes, quando
estou triste e há silêncio
nos corredores e nas veias,
vem-me um desejo de voltar
a Portugal. Nunca lá estive,
é certo, como também
é certo meu coração, em dias tais,
ser um deserto.

Não sei se Portugal me haveria
de curar deste meu susto
diante do futuro que dizem
correr além do muro.
Ouço ruídos lá fora,
mas no agora é tudo quieto
e morto, porque falso.

No capítulo "amigos", há pouco mais
que figos secos
no fundo da gaveta,
onde pouca luz ilumina
essa treta de nos amarmos
uns aos outros; e o resto
são fragmentos de ternura
que, num momento de loucura,
nos demos; para pedir
de volta, como namorados
pouco delicados. Prendas,
soluços às escondidas,
porque entre homens é vergonha
deixar doer a dor
de se estar só.

Quer repousem na estante
ou nos passos de quem,
por um instante, cruza comigo
na rua, cansam-se as verdades.
O livro de hoje sorri
do que ontem aprendi;
doutrinas florescem no umbral
como urtigas do irreal.
E há no mundo mais gurus
do que supus.
A crer no que se diz sobre
o ser feliz ou infeliz,
a cada palavra essencial
corresponde um arquivo de notas, abissal.

Estaremos todos loucos
ou serão poucos os momentos
em que a verdade mostra
sua face à eternidade?
Até quando cantará em falsete
essa gorda senhora?
Então a vida é isso?!
Uma bomba a soprar o sangue
por um jogo de mangueiras,
para manter de pé as baboseiras,
as mentiras amarradas
com arame, que persistem
graças ao vexame de se ter
o homem declarado racional?

Dir-se-á que estou de mau humor.
A vida tem lá seus dias
de fracasso e não se pode
exigir sempre boa bilheteria.
Florescem ou fenecem os corações,
consoante as estações; mas somadas
as parcelas, o saldo é a favor.

Chegamos ao fim da vida
com dois ou três parentes
que restaram por inércia;
um amor sem pétalas,
guardado no livro de aventuras
que a imaginação viveu por nós;
e a esperança de que os frutos
desse amor alimentem os pardais,
nossos ancestrais de voo curto
e cor de bolor.

Quero para mim outro destino
Cantem o hino os que se aprazem
no chá das cinco, em companhia dos deuses.
Quanto a mim, sonharei com Portugal.
Quem sabe, numa dessas noites
amarelas, quando o sono
adormece e nos esquece,
um marinheiro bêbado me arraste
com ele para a grande messe
dos mares; ou desperte eu com a alma
nos lagares, metido na vida até os joelhos!

Não me importa qual porta se abra.
Quero ir a nado para o outro
lado de mim mesmo,
por um mar de perigos.
Uma nau é o que procuro;
Uma nau para ganhar o mundo,
longe deste porto em que, seguro,
me vou ao fundo.

II. Para além do cabo não

Perdoa-me, paizinho, por eu
não ser o que tu querias.

Se estivesse em mim, juro
que interrompia o salto sobre o muro
deste meu fluir inconstante,
para que tuas mãos se pusessem calmas
e pudesses gozar tuas certezas.

Mas, se nem mesmo eu
estou certo da Beleza
e com ela trabalho, sem garantia,
vinte e quatro horas por dia!
Sei que meus sapatos estão gastos
e que não fica bem ao bacharel
este papel de saltimbanco.

Não está em mim evitar
o sorriso dos teus amigos,
pousados nos lábios
de retratos mortos; eles,
os que não sabem dos portos
a que minha alma vazia
vai buscar esses nadas
de que é feita a poesia.

Há os que têm filhos loucos,
tartamudos, pródigos, pernetas;
mas logo a ti sucedeu o triste fado
de um filho poeta.
Não há como explicar ao mundo
que não o podes manter nos cordéis,
como a sociedade faz a toda gente.

Se eu fosse gago, era só inventar
um susto na infância, um – sei lá –
um tombo, e as pessoas
logo se acostumavam.
Até os que desfalcam bancos
têm os seus motivos: afinal,
lamber um monte de notas
acaba por dar em dissonância.

Mas este mal me vem da infância,
do colégio, algo assim
como brincar às escondidas
com o pênis
ou espreitar pelas frestas.

Juro, paizinho, que preferia
ter mantido em segredo
esta compulsão para o espanto,
esta vertigem epiléptica
em direção ao vácuo.
Diriam: é um vagabundo,
tem lá suas manias, morreu-lhe
a mãe quando criança.
E tu deixavas cair uma lagriminha,
para que a pudessem ver as comadres,
os juízes, a vizinhança,
teus colegas de profissão
e os que, na rua, te
acenam com a mão e têm
sobre mim direitos de cobrança.

Enfim, está feito; já não se pode
evitar que o óvulo engendre esse traste
que o mundo insiste em
atirar para um canto.
Só nos resta esperar à beira
do cais que os destroços
de teus planos me cheguem às mãos.

Se tiveres paciência,
ficamos os dois a beber
um caneco, sem mais intenções;
e eu te prometo fazer
de alguns barris sem fundo
e uns sacos de farinha
uma nau, como a dos velhos tempos,
em que teus antepassados,
tão sem medo, olhavam para o mundo

não com olhos de merceeiros
mas à espera do milagre
que apartasse o não do cabo Não;
e, para além do abismo previsível,
plantasse o sonho
– que é a matéria
de que teu filho se compõe.

III. Quero que o saibas

Quero que o saibas, linda Inês:
meu coração é português.
E dentro do peito fareja latidos
da alma que há muito me fugiu.

Ando sem alma, já se vê,
à procura de não sei quê.
Talvez um cheiro, uma cor, um som
– memória do tempo em que eu,
cidadão de Viseu,
vivia na bolsa seminal de meu pai.

O que foi ele buscar no mundo?
O azul profundo que há nos mares
quando se os tem interiores;
novos amores, terras mais vastas.
Não são assim os descobridores?

Pois meu coração é assim:
navegante à deriva, naufragado em mim!

No trono estou eu, Romeu

O barco vai à deriva
Dois piratas – um perneta –
buscam na minha gaveta
um mapa, a razão de ser.

Já tive tias um dia
e hoje, na ventania,
faz-me pesar não as ter.

O barco vai à deriva
contra as ondas dos cabelos
(emaranhados novelos)
que a diva, com seus desvelos,
desfaz, tão sensitiva.

No forno cozem os pães
e antes que eu os mastigue
minhas mães, que eram três,
revezadas todo mês,
batem-me a porta na cara.

O barco vai à deriva,
carregado de bacharéis,
tonéis cheios de serragem,
varetas de buscapés.
Nenhum burro ou panarício,
que o comandante maltês
prefere mate a xadrez.

Um dia tive uma bola,
um pião e um coração;
cresceu-me tanto a cachola
que o pobre do mariola
de uma queda foi ao chão.

O barco vai à deriva,
carregados os porões
de intumescidos canhões;
e um rei de paus esquecido
de reinar ou naufragar,
suspenso ao varal real.

Nasce um nabo e o nababo
toma o nabo para si
lá, sol, fá, mi, ré, dó.
Os nababos são assim:
querem água e trampolim.

O barco vai à deriva,
cada qual só pensa em si.
Os dentes riem contentes,
quem não os tem já não ri.

Quereis, senhora marquesa,
servir-nos de sobremesa?
Dedos finos, mãos aladas,
tendes o sabor de fadas
quando assadas.

No monte, uma ovelhinha
escapou ao camponês.
Chora de longe o banquete:
seus irmãos cheiram tão bem...

Gafanhotos concertistas
caem de cotação;
o som não vale uma ação.
Mas na bolsa do mendigo
há duas hastes de trigo
e um Sol, por repartir.

O barco vai à deriva.
Carros que botam ovos
e mais buzinas ao vento

que velas, pandas ou não.
Sigo eu na contramão,
a pé, à maneira antiga.

Falam todos de uma vez.
São tantos os salvadores
que os poucos a naufragar
salvam-se já por sorteio.

O barco vai à deriva.
Trago no bolso uma pilha:
sabe-se lá se o encanto
se pode um dia acender!?

Caracóis não há que prestem,
enrodilhados na casca;
os deuses querem-nos ver
abertos ao sol, sequinhos,
bons de salgar e comer.

O barco vai à deriva,
todos loucos, menos eu.
Não foi Julieta de reis,
agiotas ou guerreiros.
No trono estou eu: Romeu.

Comendo uma azeitona grega

Deu nos jornais:

**POETA ABRIU A BOCA
E BEBEU O MAR EGEU**

Cavalheiro de barbas,
quarenta anos presumíveis,
mordia uma azeitona
das graúdas, grega,
quando foi acometido de sede ancestral.
Chamou Niarkos, o garção,
e antes que o desdito pudesse
esboçar qualquer defesa,
subiu à mesa e bebeu o mar
que o jovem atendente
trazia – sem o saber – no olhar.

Tango, com violino

Solo y triste nesta noite, olho a esmo.
Ergo a alma entre os dedos,
acendo-a e fumo a mim mesmo.

Se eu tivesse uma agenda de endereços
com loiras, mulatas, morenas, podia
deitá-la fora e curtir
em solidão minhas penas.

Felizmente estou só. Meu último amigo
fundiu-se tanto comigo
que se tornou meu umbigo.
A mulher que eu amava
foi muitas vezes à fonte
e retornou inteira.
Quebrei-me eu, num salto sem rede
e, à beira do amor, morro de sede.

Pai e mãe já não tenho.
Apenas filhos.
E esses apenas é tudo
que me faz correr nos trilhos.

Para onde vou não sei. Só sei...
Levam-me o impulso, a inércia,
e já é túnel meu destino.

Para arremate só falta
beber este suco de tomate
e ouvir o que diz o violino.

A bordo de um simulador

Entro na cabina
que em tudo se assemelha
ao aparelho original;
em tudo menos no fato
de que ela está no chão
e, do avião, só tem
o vento favorável
da amável convenção.

Antes de me sentar,
lanço um olhar ao painel
– um palheiro de agulhas –
à procura de um rumo.
Cada gesto é computado,
transformado em orifícios
numa tira de papel
que governa o sistema,
para absoluta segurança
de coisa nenhuma; a menos
que ao aterrissar de mau jeito
eu caia do mundo
por efeito (e coincidência)
de algum terremoto,
num derradeiro voo
do cognoscível para o ignoto.
Ligo os motores e tudo
troveja, ressoa, sacoleja,
nos braços de hidráulicos macacos
e portentosos servomecanismos.
Liga-se o teipe, move-se a pista
em circuito fechado
e, sem receios nem traumas,
vou fluindo de motorista
a piloto habilitado.

O efeito é magnífico:
vejo até buracos no asfalto,
onde não deveria haver buracos;
uma estrada, casebres,
dois automóveis, algumas piscinas
e um bando de meninas
que acenam com a mão
(acenam? para mim?).

Estabeleço contato com a torre
e recebo de volta um tango
de Gardel, por ele mesmo.
Relevemos: o encarregado,
além de distraído, está apaixonado.

A essa altura, não sei a quantos pés
andamos; na tela à minha frente
surge um Gardel de corpo inteiro,
onde eu esperava encontrar o azul do mar
e a sombra do avião. Penso:
"não se deve jamais simular
sem ter a bordo
um radiotelegrafista".
Abandonar tudo? Pegar numa revista
e esperar que se esgote o tempo,
a gasolina, ou que o avião se precipite?
Esquecer a tripulação,
os passageiros, os sanduíches
guardados na geladeira ao fundo
e a bomba escondida
no compartimento de bagagens?

A bomba terrorista! Chamo a torre
e comunico a existência
do terrível artefato;
procuro manter a calma,
encomendando a alma, sem descurar
do aparato eletrônico
– uma supermente

num corpo supersônico.
Aperto um dos botões
e o que consigo é um simulacro
de tempestade: o avião sacode
o quanto pode, num batuque
de pistões e efeitos de luz,
deslizamentos laterais, quedas
no vácuo, ameaças de parafuso.
Agarro o paraquedas e blasfemo,
o rosto azulado por um raio
tão bem filmado que chego
a beirar o abismo do desmaio.

Salva-me o botão "sol radioso",
um milagre da tecnologia
capaz de varrer a tempestade
(isso nem Deus!) em segundos,
como se voássemos
através de uma fresta,
entre dois mundos.

Aliviado, gracejo com a cadeira
do copiloto, vazia, e peço
à aeromoça um café bem forte,
para tirar da boca
o gosto da morte.

Então, lembro-me da bomba.
Sei que ela divide o tempo
em frações precisas e quando
o último grão de vida
cair do outro lado, a Mão
virá do espaço e, de um golpe,
caçará tudo o que existe.

A razão tenta salvar-se,
argumenta que se trata
de um voo simulado, procurando

afugentar o agouro
que voa ao nosso lado.

A aula termina, a tela escurece,
a porta se abre. O instrutor
ajuda-me a descer a escada,
fala-me do excelente nível
de minha pilotagem. Ingênuo,
não sabe que eu segui viagem
de olhos postos no filamento
por onde passará o derradeiro
som, o cisco de vida
antes que a Mão se feche
e eu seja apenas um finado
brevetado.

Seixos ao sol sobre (ma) cacos de vidro

Vista do alto, a baía é uterina
e a placenta azul-tejoula merece exclamações
sobre o Santos Dumont, jatos-pasta-de-dentes,
no voo das 5,30 p.m.

Golfos pendem do colo da aeromoça
(esmeraldas úmidas), arrepiada com o índice
a lhe correr a geografia, ante janelas
– suponho – de bambu,
em Hong Kong, suave, suave,
como naquela tarde, sobre o Atlântico.

O pequeno derrota um batalhão de bolhas
e o castelo de areia se horizonta
entre os joelhos da mãe que, num zelo patrimonial,
esparze a pasta bronze na carne franga.

Perde-se o beijo entre gaivotas
e o pé (ploft) esmaga o copo rotulado "limão".
Há uma lágrima oculta por lentes azuis, redondas;
e barrigas, e a luta, dependendo da argila
de que sejam feitas.

Um arroto, imobilizado entre pinças,
revelou ter a essência de uma nuvem
e a aparência de um travesseiro roto, de pensionato,
cuja ponta deixou escapar plumas azedas.

O cão, à coleira, não difere do mundo
que o velho leva, sem saber, ao extremo da bengala;
mas a coleira nem sempre é tesa e não se presta
a guiar um cego. A menos que, em seu miolo, fareje um cão.
Agarrado às listas do pijama, o intendente
clama por justiça; mas as avós não ouvem o que dizem
e por isso o dizem e há por toda a parte um derrame de sons
que os garis empurram, desolados, antes da manhã.

O mercado de pílulas continua em alta
e para que as assinaturas dos farmacêuticos responsáveis
não percam a cotação, seguimos as contraindicações
e adoecemos, placidamente, entre cobertores.

Nos lavatórios, as abelhas colhem o mel do sexo
e urge uma lei que ponha termo a esse pouso forçado
sobre nossa intimidade; sem o que
se torna obsoleto mijar a portas fechadas.

Os supermercados regurgitam de comida
e a infância está a coberto até 1984 – a crer
nos atestados de conservação alimentícia,
segundo os métodos aprovados pelo LCCDMA, sob registro.

As feridas continuam a arder. Mas passa.
E se pertencem ao cão, serão certamente lambidas.
Quanto às humanas, acabam por fechar e,
graças à autoridade, têm recebido pontualmente suas cascas,
bem como toda a garantia contra supuração.
Infelizmente, ainda desbotam.

Além do problema das olheiras, grave, apesar
da TV em cores. Há promessas de que para o ano caiam menos,
em decorrência do lançamento, na Europa, do
Trombone-Florestal
cujo sucesso foi apenas igualado pelo Turquerang,
de sentido capcioso, originário de Istambul.

Segundo Sermão da Sexagésima ou por que não devemos ir para o campo semear aboborinhas

Amados irmãos;
mais uma vez reunidos
para gozar da presença de Deus,
abramos os olhos
e entrelacemos as mãos.

Hoje vos falarei do êxodo urbano
em direção ao campo,
de onde Satanás
(em nome do Pai, do Filho e do Espírito Santo)
nos acena com a vida perfeita:
higiene corporal
e cuca legal.

Jovens incautos, com pureza de anseios,
buscam no campo, no ar puro,
a solução que só se poderia
conquistar por outros meios.

Não se nega, em sã consciência,
que o ar seja impuro
e a vida na cidade
um crime, um atentado, uma excrescência.
Basta levar nariz para cheirar
e olhos para arder
e constatado estará
o Apocalipse em plena vigência;
o caos, a amargura, a treva
que opõe à humana inteligência
um arsenal de sutilezas.

E em verdade vos digo, irmãos,
que essa febre de salvação,

esse anseio de lançar os botes
ao mar e cada qual
livrar a cara por si mesmo
é mais uma das sutis maquinações
do Demo: que ninguém se salva
assim, de afogadilho, a esmo.
A salvação nos vem
do muito pensar,
do querer com pertinácia,
do conhecer o inimigo e sua audácia,
do agir confiado em Deus e em si mesmo
e, se possível, do amar.

Contudo, irmãos, Mefistófeles
com pele de cordeiro,
precedido de marcusianos profetas,
levanta o filho contra o pai,
ao velho opõe o novo:
e quebrando a tradição de luta,
quebra a espinha do povo.

Não é o velho quem trai,
é o canalha que, às vezes,
por mera coincidência, é o pai.
Mas Lúcifer, para manter
o poder dos poderosos,
cria um dragão de papel
e o entroniza como a encarnação do mal.
E vós, meninos assustados,
pouco lidos e mal informados,
julgais que o dragão
é invencível, como o Papão
de vossa infância.

O Tinhoso voz diz: "não há solução,
o mundo é mau,
olhai a fumaça, a poluição,
os rios contaminados,
a confusão"; e vos acena

com um lugar tranquilo no campo,
éden das vacas,
nirvana dos humanos vegetais;
e vós, parcos de fé,
pressurosos em curtir um ar melhor,
ingenuamente acreditais.

Mas em verdade vos digo
que a salvação não vem do arado;
que não há paz no campo
se o Minotauro está no trono.
Porque podia suceder
que um dia lhe apetecesse vos comer.

Assim, amados irmãos,
vos tenho explicado em breves palavras,
por que não devemos ir para o campo,
semear aboborinhas.
Antes plantemos protestos
cujos frutos desabem sobre a cabeça
de pastores sem ovelhas
e vagabundos diplomados,
com o peso de um planeta em chamas
onde, em breve, não haverá mais
sítios bucólicos nem praias aprazíveis,
mas só a BOMBA, repartida por todos;
e a praga do *outro* invadindo o espaço,
numa revoada de gemidos-pop,
forçando nossa porta;
e a sede e a fome de justiça
rasgando a propriedade
com dentes impacientes,
devorando réus, juízes e jurados,
adiamentos e prazos, promessas
milenares e até os chamados pilares
da sociedade, plantados
na rocha do lodo.

E vós, irmãos, marinheiros de água doce,
conquistadores sem grandeza,
desbravadores de ilhas pessoais
– porque sois, vós mesmos, uma ilha –,
subireis sobressaltados à gávea
e, sondando o horizonte,
vereis a grande nuvem negra
que se aproxima do vosso miniparaíso;
um grande chiclete de gases venenosos,
gosma poluente, descendo mansamente
sobre vossas hortas antroposóficas
e biodinâmicas;
e em verdade vos digo, irmãos,
que muito antes de verdes vossas
aboborinhas sufocadas e vosso arroz
integral integralmente envenenado,
milhões de crianças não-iniciadas
já estarão na complacente companhia de Deus.

Mas o Planeta é pequeno
e vossa pequena horta
uma tentação para o ramo imobiliário.
Vendei, irmãos, vendei por bom preço,
renovai o paraíso mais além,
dotai-o de melhores recursos:
piscina aquecida, vastos gramados,
pomares pictóricos, som estereofônico
embutido nas árvores, limpando o astral
das baixas vibrações.

Amados irmãos, adônis de Aquário,
raça da nova era,
encarnação do Tao, budas viventes,
curtidores do som,
mascadores do cogumelo,
justos, puros, amantes da PAX,
(AUM! AUM! AUM!)
eu vos saúdo.
Do alto deste tamborete

– bar/altar erigido
na selva da Avenida São João;
deste balcão eucarístico cheio de moscas,
rodeado de putas, bêbados e rufiões,
ignorantes comedores de farofa,
carne-seca e raríssimos feijões;
maçaricos humanos, de baixo rendimento,
consumindo a si mesmos
para incremento da produção,
com a providencial ajuda
da cachaça com limão;
desta paisagem desolada, suja,
malcheirosa, coração da nuvem,
cerne da poluição,
meu Buda amarrotado vos saúda
e ri.

Ao oriente do oriente

É antes do ópio que a minh' alma é doente.
Sentir a vida convalesce e estiola
E eu vou buscar ao ópio que consola
Um Oriente ao oriente do Oriente.

ÁLVARO DE CAMPOS

Eu vivo num Japão imaginário,
em outra dimensão, em outro fuso horário.
Um arquipélago de anseios mui secretos
que, a certas horas da vida,
se me tornam tão concretos
quanto a chegada, a permanência, a despedida.

Nesse país fragmentado,
em meio ao futuro/passado,
vivo o outro que sou, Pessoamente
– um samurai errante, um monge,
um bandoleiro cruel e impenitente.

Aí, nenhuma realidade me apavora,
nem constrange; pois embora *um*
– frágil, impotente, solitário –
eu sou falange, eu sou brado
que, seco e exato, fere e mata
qualquer adversário.

Vejo-me em noites de bruma, vagando
ao longo de estradas e montanhas,
a serviço de um suserano
que habita meu quarto mais secreto.
Move-se o corpo, agita-se, luta,
para que o Eu reine soberano
e a tudo assista em serena distância.

Um e outro sou e muitos outros,
na contemplação extática, na militância;

e assim me redobro e teço
meu sudário, que ao desdobrar-se
mostra muitas faces, cada qual
em seu labor, em seu itinerário.
Caminho ao sol; e sob a chuva
igualmente vou aonde me levam
as sandálias e os campos ao redor.
Não tenho idade nem pressa de chegar,
pois a cidade que procuro
fica aquém do escuro que é este lugar.

Às vezes bom, outras maldito,
apaziguado às vezes ou aflito,
cumpro o que me cabe;
e se não o cumpro, só Ele o sabe.
Amo, procrio, renego, anseio,
subverto quem sou e me repito,
igual e diverso, num vazio pleno.
Olho-me e, familiar, não me reconheço.

Muito cedo labuto na seara
que plantei em outras estações;
e à noite regresso, com os ombros
pesados de crimes, devastações, perversidades.
No fundo de meu cesto, entretanto,
– pequeninos e macerados –
restam uns poucos frutos sazonados
que me bastam e consolam.

Assim mourejo, de campo em campo,
de idade em idade;
e quando encontro uma cidade
onde pousar o corpo,
busco uma estalagem e ali repouso.

Mas antes de cerrar os olhos
peço muito saquê e boa música;
e ali, junto ao fogo,
brindo a todos os que vão, como eu,
de nada a nada, com o Universo de permeio.

Uma estrela, vista através de periscópio

Aqui estou, de gravata,
passadinho a ferro,
feito sardinha em lata
ao molho de burocrata.
Sem horizonte nem brisa,
enforcado na camisa,
olhar perdido, estupor.
Um poeta-cavador,
metido fundo na lata
do desamor-bolor.

Soergo meu periscópio
que, da alma, espia o mundo;
cronópio e marinheiro,
varo as ondas do dinheiro,
singro o mar da servidão.
Mas resisto no que me sinto:
homem atento, jumento
de pés cravados no chão;
à espera do momento
em que a brasa do pensamento
se transfigure em quimera
e fulgure no firmamento.

Uma estrela.
Mas, o que é uma estrela?
Pura emoção de quem,
ao vê-la, sente que pulsa
o coração? Ou pedra fria,
suspensa no espaço,
entre milhões de solidões?

Cadente que sou, perdido,
na vastidão espantosa
do marasmo nacional,
vejo na estrela um sinal:
um gesto de Deus no céu
– como quem tira do chapéu
um arco-íris noturno.

Voo noturno

Deserto o hangar;
estranho o lugar, embora visto
e revisto em minúcia
quando a astúcia do existir
fingia nas coisas se deter.

Abro de par em par as largas portas
e o mar revolto me chega
no cheiro que humaniza o vento
e no vento que desata o coração.
A noite é fria, ameaçadora,
imprópria. Os cautelosos guardam
com devoção o leito, entre gostosos
edredons, à espera. Mas o feito
amadurece em mim, de crisálida
a quimera, e mal espera
que as asas se despeguem.

Olho ao redor, à procura
de indícios que me tragam
a presença da raça – gritos,
rompantes, embates, acenos.
Mas o hangar range, insone,
vazio, sacudido pelo calafrio
da solidão que me consome.
Corro em direção ao fundo
e abro caminho, a custo, entre
o que fui em tanta vida.
Concentro-me, olhando a vasta porta;
e à medida que avanço, decidido,
mais estreita me parece a abertura.

Fecho os olhos, respiro, ganho
altura e sinto a maresia
no reverso do rosto.
Há estrelas pressentidas,

mas não posso vê-las porque
mergulho, para dentro.

Apagam-se as sensações,
o tempo cessa: voo por instrumentos
– astronauta do orgulho, fechado
em mim, rumo às indagações derradeiras.
E o último planeta conhecido
que avisto, antes de cruzar
o umbral do nunca-visto,
sou eu mesmo: superpovoado,
poluído, belicoso, deplorável...

Lamento do capim

Rosa de tal, onze anos,
vem pela trilha do capim
feliz porque aprendeu a somar.

Ai de mim, ai de mim,
enquanto houver em qualquer parte
um terreno baldio, coberto de capim!

Capim-trapoeraba, capim-vetiver,
ai de mim, enquanto houver.
Capim-pé-de-galinha, capim-milhã,
salpicado de sangue e orvalho da manhã.
Capim-mimoso, capim-limão,
ai de mim, que me dói fundo
esta dor sem remissão.
Capim-açu, capim-agreste,
capim-azul, capim-amargoso;
amarga é a vida, capim-bambu,
dos deserdados, capim-bobó;
ninguém tem pena, ninguém tem dó,
capim-de-cheiro, cheiro de morte,
cheiro de horror; surdos são todos,
capim-gordura, a quem a vida
só deu fartura. Ai de mim,
capim-limão, tão consciente,
tão impotente por meu irmão.

Ai de mim, que do capim saem brilhos
e uma força que arrasta os ombros de Rosa
e uma sombra que fere os olhos de Rosa
e um calor que rasga e se derrama
no ventre e no desmaio de Rosa.

Ai de mim: Rosa não se queixa
por ter sido desonrada;
Rosa não lamenta as cicatrizes
deixadas no ventre pela faca;
Rosa chora porque perdeu os livros.

A guerra é isso

Pacatos senhores,
televidentes sensatos,
desliguem seus aparelhos,
cerrem as labiais cortinas sobre os dentes
e ponham tento: estamos num quarto
de espelhos, vasto pavilhão de malucos,
à procura de um Profeta.
Não há mais rir ou chorar
que nos possa salvar de nós mesmos;
nem promessas juramentadas de que tudo
venha a ser diferente; pois isso diz
qualquer demente quando lhe deitam a mão,
depois de atear fogo ao colchão.
O que nos espera é um grande sarilho,
todos a pipocar, o dedo
no gatilho e lágrimas na orla
das pestanas, enquanto voam Gauguins
e Mondrians, para alegria
dos pintores de parede
atacados de veleidades.
(Parênteses: Hitler não era lá
tão doido ou despeitado
que fizesse arder o Louvre
só por se ver rejeitado.)
Olhai os lírios do campo:
já não há lírios nem campos, só
o cuspe de cinzas levado pelo vento
contra o rosto de quem
jamais pecou sequer em pensamento.
Vítimas da guerra: a mãe
e a menina, que sonhavam
com a toalha rendada
e pratos de porcelana;
a veneziana tombada,
alguns degraus suspensos
que levam ao nada

e uma boneca de pano, obediente,
sentada ao piano. Os canhões de Navarone
eram traques e Hiroxima
um bocejo de menino tímido.
Agora a guerra é um trombone
de mau gosto, um gesto obsceno,
qualquer coisa que irrita
a suave alma aflita
já sem hausto para assistir
ao epílogo, adormecida
de tédio, anestesiada
pelo medo de pensar
em como seria o que
não tarda a chegar.
Os ingênuos esperam o carro
alegórico, a banda chamativa,
os cartazes que antecedem
a comitiva que antecede
as criancinhas que antecedem
os porta-estandartes que antecedem
as negativas que antecedem as
negociações que
antecedem as concessões que antecedem
o que antecede a
guerra propriamente dita.
Mas a guerra não são os tiros,
nem os discursos, aviões
abatidos, tresnoitados navios
vigiados submarinamente.
A guerra é isso: você
e sua esposa atolados
nas areias movediças
do consumo, olhos injetados
e sono gaslacrimejante,
bacteriologicamente caçados
na poltrona pelo anúncio,
degolados a prazo
em capítulos maçantes,
roídos pelo rancor

finomordente do não ter,
pés pisando minas
ocultas habilaviltantetentacularmente
pela mão da inflação;
uma carga ligeira de contas a pagar,
surpresas à queima-roupa
do tipo eletrodoméstico,
motor fundido, cano entupido,
inundação (mental e real)
sem jus a indenização,
e os micróbios rondando,
os germes, a fauna
microscópica lançada
de paraquedas por uma
esquadrilha de moscas,
fuzileiros ratais de boina
e polaina, vindos do podre
que ao redor se derrama.
A guerra é isso: você
e seus filhos amarrados
ao fusca por grossas tiras
de estatística e teipes otimistas,
mensagens de fim de ano,
telexadas, gravadas,
televisadas, comprovadas;
e ao redor do pequeno conforto
classe-média, pago a susto
de refeições pela metade,
sono truncado, sobressaltos,
uma horda de selvagens,
maltrapilhos, serapilhentos,
pedintes, piolhentos, aleijados,
muletas e pernas de lata,
despejados em cascata na praia
pelas barcaças do real,
concretas, de aço,
terríveis em sua simplicidade
comovente; miseráveis
tantos que nem trazem

armas além do próprio sopro
a curta distância, letal.
O seu fusca vacila;
o lema hasteado em ouranil
demagogo e vil
oscila e cai pisoteado
pela turba que surgiu do nada,
provando que do nada tudo se tira
e se muda tudo. A guerra é isso:
hoje o legal
conformadamente consoante
e normal, até que, de repente,
no mais adiante,
surge um NÃO
que acende o rabo do trovão.
O resto... o resto é silêncio,
cortado apenas por gemidos
de quem não quis pensar
nem soube ousar para deter.

Sidharta

"À sombra dos bosques,
ao sol da montanha,
perto dos barcos, criou-se
SIDHARTA."
Não Gautama, o Buda,
mas um loteamento:
"prêmio de paz e serenidade
que a natureza quer dar
aos homens que já têm tudo
na vida".
Só não têm a própria vida.

Talvez estejam mesmo distantes
do que se entende por HOMEM,
sapiens e erectus.
A menos que se tome
por sabedoria a arte do cálculo,
e que se aceite o orgulho
(vaidade, soberba, empáfia, embófia)
como condição *sine qua non*
de o homem se suster em duas patas.
À SOMBRA DOS BOSQUES
rumoreja o crime, farfalhantes
folhas de papéis pintados:
abc do engodo, manejando a mente
da pobre gente que nem sabe
o que vive ou sente.
Brisas dupla face, que de um lado
arejam a pele dourada
e do outro queimam (de tão mentoladas)
a carne em feridas (de tão maltratada).

Brisas coniventes com a invenção
da câmara da morte coletiva,
soprando os gases das chaminés
contra os narizes da população.

Brisas que limpam os arredores
onde SIDHARTA acolhe os escolhidos
sobre um tapete de vegetação:
"chacrinhas na encosta da colina,
com deslumbrante panorama
e clima de montanha",

À SOMBRA DOS BOSQUES,

longe do outro sol sob o qual
o pitecantropo transpira de sol a sol,
sem eira nem beira, nesta grande feira.
Montanha mágica, montanha-russa,
monturo trágico, salada-russa,
Homem Montanha carregando o Globo,
globo da morte, que a pouca sorte
legou ao homem.
Homo sapiens, lobo do homem.

Sol divindade, Aton benigno,
no sacrário das tangas adorado,
sobre as pranchas do surfe idolatrado.
Salve sol letrado
nas canções dos poetas bronzeados,
letras de samba/uísque bem gelado!
Sol congelado; sol outdoor, embora *inside.*
Sonho de quem nas minas do suor
desceu tão fundo que já nem sabe de si.

AO SOL DA MONTANHA,

à sombra dos bosques em flor,
criou-se SIDHARTA;
"perto dos barcos".
Não barcos de pescador, barcos de carga,
barcos a remo, não.
Junto aos potentes barcos a motor;
ou de talhe suave, quase ave erguida
sobre a espuma, inflada nave

de velame tenso, denso navio
com Aton ao leme
– loiros cabelos oxigenados,
portentoso peito sob a leve malha,
olhar seguro de quem nunca falha.
Barcos de fibra – não utilitários –
ganhos na lide; barcos solitários,
singrando o sangue
de milhões de otários.
Navios negreiros, barcos da morte,
presos aos sargaços
dos bosques em flor.

Ao sol da montanha,
à sombra dos bosques,
longe dos barcos e dos homens
que morrem em Sidharta,
vive GAUTAMA, o Buda.
Homo sapiens. Flor.

O eremita e seu bordão

Não que o bordão faça parte do eremita
mas é sempre bom tê-lo à mão
para afastar intrusos
ou um eventual repórter.
Além disso, apoia-se nele o que excede
nossa aptidão de suportar o mundo.
Para obtê-lo, não se o corte
de algum carvalho antigo
(ou os carvalhos deixarão de ser antigos);
nem de videira convém concebê-lo,
que nos trace depois
um andar retorcido, não por virtudes
(vícios) da uva, mas pela indecisão da vide.
Um bom cajado surge do nada
– como também o bom eremita:
sem premeditações nem artes
de carpintaria. Abrem-se os olhos
e ali estão, ambos, na poeira
da estrada, em pose de fotografia.
Nunca se sabe onde o eremita
encontrou o seu bastão
nem isso importa, a não ser
por razões de fidelidade botânica.
De maior relevância, ao que parece,
é a maneira como conduzi-lo:
à destra? à sinistra?
Houve mestres que o levavam
debaixo do braço, empunhando-o apenas
ao solicitar esmolas – um adjunto;
outros (orientais) carregavam-no
por dentro, *in petto:*
não se o via, mas se sabia
que ali estava.

Nos casos mais comuns, entretanto, foi o bordão
retratado, em geral, na mão esquerda,

restando livre a mão direita
para acenos, cumprimentos e bofetadas.
(Se o eremita for canhoto,
inverte-se o processo.)
Mas o que realmente conta
– muito além desses detalhes –
é a ausência do cajado,
que antecede de alguns anos
a verdadeira presença do eremita.
Pois, antes disso, só existe o bordão;
e, apoiado nele, um estúpido
que se acredita pastor, viandante, coxo,
ou, em casos mais graves, um eremita.

Sete anos de cordeiro

Sete anos de cordeiro já servia
Jacó a Lobão, pastor cruento,
que, em troca apenas do sustento
e das promessas doces que fazia,
numeroso rebanho apascentava.

E após tanto servir, dia após dia,
viu Jacó a esperança de uma vida,
nédia Raquel, a ele prometida
pelo astuto Lobão, tornar-se Lia,
num ardil mesquinho e odioso.

Fez-lhe então o pastor singela oferta:
servir mais sete anos sem protesto,
após os quais – tempo modesto –
a porteira lhe seria enfim aberta
para gozar Raquel em liberdade.

Por mui simples e também por mui cordeiro,
acedeu Jacó sem um balido.
Mas antes do prazo transcorrido,
percebeu o rebanho tão ordeiro
que Raquel era um Lobão melhor vestido.

O Tao

O povo não conhece o Tao.
Mas a intuição lhe diz
que tudo passa.

A fome força os remendos do barraco,
a doença cobra seus impostos.
Nada é seguro para o povo,
a não ser a dor.

Os poderosos agitam-se,
impõem sua vontade no afã de progresso;
o povo de tudo participa,
como se acreditasse.
E os governantes pensam deitar raízes
e penetrar fundo na carne do povo.

Porque o povo flui como a chuva
e, contornando resistências,
abre caminho entre mil dificuldades.
A infância tem menos desvelos
que os arsenais;
morre a descendência
mas o pai baixa os olhos
e segue, resignado.
Em que pode ele ainda acreditar,
se os deuses distantes
não lhe enviam o menor sinal?

Qual, pois, a razão do riso,
dos tamborins, da festa que desce o morro
e abarrota as ruas de alegre miséria?
Os poderosos ignoram;
o intelectual não tem resposta.
Ignorância? Paradoxo? Absurdo?

Só quem não herdou um nome,
só quem nada tem a perder,
só os que vivem ao nível
das ervas mais humildes sabem:
por maiores que sejam os desastres,
a Terra cumpre sua rota.
Assim também o povo
a tudo sobrevive.

A grande aventura dos trópicos

Ao vendedor de passagens, pergunta o Lorde
se uma viagem aos Trópicos lhe daria azo
a consumir o excesso de energia
em caçadas e aventuras e perigos fotográficos;

a que o vendedor, sacando da vitrine multicor
um folheto indolor, responde, com um sorriso
muito à agente de viagens, que as vantagens
saltam à vista; e folheando
o folheto em cujo frontispício
um preto muge uma cuíca, o Lorde, pensativo,
decide arriscar suas férias.
E assim começa a aventura, não de um Lorde
mas de todos os senhores europeus
(senhores deles, que não meus);

e americanos, venusianos, lunáticos, civilizados,
senhoras de muitos panos e plumas e bordados,
adolescentes plantados de espinhas
e mocinhas atrevidas, que deixam de acorrer
às touradas: a grande aventura já não está
nos chifres de um *miúra,* nem em terras de África
ou nas geleiras do Alasca.

Mais terrível que o leão é o foco no pulmão. E,
embora seja grande em Niágara o volume de água,
somando-se a hidropisia bem podem os Trópicos
fornecer energia a todo um continente.

Venham, venham senhores, meter suas caras
neste emaranhado de taras
que a sífilis gentilmente despeja todo ano,
mal pendem os pênis – ledo engano.

Aqui temos reservas de gonococos,
uma fera terrível, um perigo amarelo

que faz da China um singelo gongo
para o susto de pássaros cansados.

Alguns dias de porfia e a coleção de troféus
pode crescer até os céus.
Um leproso para o cavalheiro!
Apenas um ou um milheiro?
Tuberculose deixa-se à parte,
que a quantidade torna banal.
Antes um vírus de hepatite
para moer o fígado de Vossa Senhoria
ou uma cirrose medicamentosa, experiência
bastante proveitosa para os que se deixam
levar pela arenga dos doutores.

Bicho-de-pé e geográfico nenhum interesse têm;
e não convêm a quem se reputa homem de bem.
Como também a catapora, o sarampo, a coqueluche,
que nem de longe se comparam com uma bela manada
de varíolas, ao entardecer.

Espelhistas, alpinistas, metodistas ousados
amarrem-se aos arcos de suas pontes
e deixem cair das alturas o nariz
até o fundo de um dente cariado,
orlado de piorreia, que muitas são as cavernas
numa só boca!

Um rasante, em avião, sobre a subnutrição
vale dez anos de guerra,
com arranjos florais de criancinhas outonais,
velhos sequinhos, crocantes, e uma população
de fantasmas, acionada a barbantes.

Sentir o chão tremer ao tropel da elefantíase, enquanto
se aprecia o chá das cinco, acampado
às margens de um ventre disentérico, só
é comparável ao delírio do tifo ou da febre amarela
com sua procela de suores; ou uma revoada de pardais

da apendicite, num congestionado corredor de hospital.
Aos amantes da caça às serpentes causam espanto
as dimensões da solitária e fauna vária
que, nos intestinos, trabalha em silêncio,
fazendo da morte um fato, em total anonimato.

O incêndio do fogo selvagem, o mal de Chagas, a catarata,
o panarício, difteria, amebas, gastrite, conjuntivite,
esquistossomose, poliomielite, artrite, bronquite...
Nem é preciso convite para a grande insônia dos Trópicos.
As portas estão abertas e há sempre alguém hospitaleiro,
a convidar para um brinde purgativo
ou uma injeção típica, nas afamadas farmácias
de qualquer cidade.

A samambaia no ouvido

Nem efeito surrealista
nem delírio demente:
o que vos digo, eminente leitor,
é que de tanta escuridão, umidade,
falta de amor, avultou ao meu redor
um ambiente propício ao bolor;
e eu, de forte natureza e alma solar,
acabei macambúzio, submerso, sumido.
Minha cabeça – vaso sombrio –
tem hoje a brotar, do ouvido
esquerdo, frondosa samambaia,
a sugar as lembranças
da outrora gaia existência.

Poder-se-ia afirmar, grosso modo,
que vivo um pouco ao sol
e um tanto à sombra;
situação angustiante para um poeta
que apesar da aparência discreta
não esconde sua veia arrebatada.

Neste sentido, a samambaia
funcionaria como evento botânico
e alegoria – uma divisão sistemática
do reino vegetal. Em termos leigos:
o poeta, antes altivo,
jorra do conduto auditivo
uma planta que não floresce.
Não vos parece, leitor, um contrassenso?
Logo eu, um ser de quem se espera
uma permanente florescência?!
E, no entanto, mãe Natura
tem lá suas nobres razões.

O solo em que as touceiras
criptógamas deitam raízes

é rico em matéria decomposta
– vegetais de múltiplos matrizes
e folhagens faceiras, postos abaixo
pelo inesperado buldôzer da vida.

Húmus de consistência solta,
rico em azoto e ácido carbônico:
um casamento perfeito
entre elemento de número atômico sete
(gasoso, incolor, inodoro, pouco ativo)
e um ácido fraco, formado na dissolução
do dióxido de carbono em água.

E sobre essa turfa de aspecto
musguento, em que se transmudou
meu livre-pensamento, pressionado
em camadas superpostas,
grossas crostas da realidade social,
uma soberba Nephrolepsis Exaltata
– que apesar da imponência nominal
é apenas uma planta decorativa tropical.
Uma espécie de cão leguminoso
que as senhoras regam com desvelo
para exibir em tardes de chá.

Mas esta, de que vos falo,
é pesadelo, negação de quanto há
em mim de vulcânico, arenoso,
grotesco, não-convencional.
Uma planta-cabeleira que teme
o excesso de vento e a luz direta!
No meu ouvido, tão dado
a excessos! Cravada fundo
na matilha dos meus lobos cerebrais...

Uma traição do reino vegetal,
alimentada por um submundo
de vermes, insetos, moluscos
e aracnídeos em putrefação.

E eu – poeta nascido para
a vegetação erecta, ávida de luz,
a dançar com o vento –
de mãos atadas! Mas o firme-pensamento
que me embala o coração clama:
vinde, jardineiros do futuro;
arrancai de mim tamanha aberração!

Viver com medo

Viver com medo é pior
do que ir para o degredo.
Pois de tanto moderar o diapasão
a alma acaba por desafinar a canção.
E alma que se preze não cabe
em moldes de prudência;
porque é de sua natureza,
volátil e eterna, contrariar
as normas da dureza.
Por isso mesmo se diz
que pedra não tem alma;
e, por extensão, o ditador
– que dita as dores ao redor –,
por ser um ente pétreo, insensível,
em vez de alma tem um fusível
regulador. Destarte, não há risco
de que se queime o sistema
por uma falha de amor,
Os que, alados, se sentem
morrer sufocados, por extravasamento
anímico, pertencem a outra natureza.
Não lhes importa que à mesa
haja abundância de vitualhas;
nem querem ver o saldo bancário
subir os Himalaias.
Anseiam apenas livrar-se das malhas
que os passarinheiros tramam
entre o ser e o céu
– dissimulado véu a que chamam
ordem, hierarquia, segurança.
Acaso pode a alma obedecer
a qualquer ordem que não
a de buscar, incansável, o que almeja?
A que hierarquia pertencer
senão às imperiosas inclinações do ser?
No seu próprio fluir, na realização plena,

no gozar em liberdade
uma existência justa e serena
– aí está sua inteira segurança.
O mais são palavras de demente
que joga com palavras, perigosamente,
por não lhes conhecer o sentido.
Sozinhos entre retortas e serpentinas,
os cientistas do medo
ensaiam mutações inconsistentes;
e de seus cérebros doentes
saltam entidades tortas, arcabouços
de futuras ruínas.
Esquecem-se de que o homem,
criatura alada, não pode ter como horizonte
uma sociedade por quotas, limitada.
E ao anseio de crescimento, à busca
de liberdade, respondem
os arquitetos do pesadume
com a máquina do medo.
Ameaçam, enclausuram, apertam,
cortam, furam, despedaçam, massacram
o HOMEM, sob pretexto de salvar
outros homens. Mas os que se salvam,
nesse contexto, soam como sinos quebrados.

Não te rendas jamais

Procura acrescentar um côvado
à tua altura. Que o mundo está
à míngua de valores
e um homem de estatura justifica
a existência de um milhão de pigmeus
a navegar na rota previsível
entre a impostura e a mesquinhez
dos filisteus. Ergue-te desse oceano
que dócil se derrama sobre a areia
e busca as profundezas, o tumulto
do sangue a irrromper na veia
contra os diques do cinismo
e os rochedos de torpezas
que as nações antepõem a seus rebeldes.
Não te rendas jamais, nunca te entregues,
foge das redes, expande teu destino.
E caso fiques tão só que nem mesmo um cão
venha te lamber a mão,
atira-te contra a escarpas
de tua angústia e explode
em grito, em raiva, em pranto.
Porque desse teu gesto
há de nascer o Espanto.

A eterna injustiça deste mundo

Quanto pulha tenho encontrado
a gemer pela boca da miséria!
Com gemidos fortes,
gritados entre um uísque e outro,
numa espécie de pilhéria
cujo sentido me aturde e escapa.
Ah, esses amantes do proletariado,
ocultos sob o manto da opulência,
a sofrer uma nova forma de demência
que os leva a passar fome
com o ventre alheio
– um voluntariado do protesto
sobre o palanque da conveniência!
Bufam, choram, esperneiam,
atiram de um lado para outro a língua
e entretecem a salvação da própria face
no tear junto ao qual se pavoneiam.
Heróis de marzipã, bolas de vento
cujo real intento é camuflar
a impotência de viver a própria vida.
Porque a vida lhes escapa
entre frestas, como um flato;
e quando dão por si
estão irremediavelmente velhos e ricos
(ou remediados); e deveras pouco interessados
nas infantis quimeras do primeiro ato.
É então que os vemos – deploráveis,
cansados, sem assunto – caminhar
até o pano de fundo
e, antes de deixar a cena, suspirar
(entre um bocejo de licor
e um arroto de presunto)
uma tímida frase
contra a eterna injustiça deste mundo.

Estudo

Meu alvoroço está estarrecido
ao redor do cerne, do caroço;
e eu roo e sugo e chupo e mordo
essa vida comprimida,
já tão velha e eu tão moço;
tento e luto, mas não posso.
Porque busco mais que o lusco-
fusco dessa coisa boba e pouca,
desse risco sobre a lousa;
o que vejo é outra cousa.
Vejo com o atrás do olho,
vejo com todo o piolho
que há na cuca do zarolho
– esse que tranca o ferrolho
e calca seu joelho sobre
meu pescoço; tento e gemo
e mordo e choro, mas não posso.
Penso até em cuspir esse caroço
e ter de pinote um troço.
No girar do realejo, olho
e miro, mas não vejo.
Nem me vejo. Só me sinto,
inteiro, todo, de cima a baixo,
com alma de contrabaixo,
vibrante no bamboleio,
tão alheio, tão no arco,
tão no dedo, tão sem medo,
tão livre do arremedo,
só soando, no mais baixo
tom, no mais grave, tão suave
que somente quem me atente
me sustente na palma do coração.

Tudo se esgarça e esfumaça
nessa trama da trapaça,
terciopelo do novelo

em que se esgota o apelo.
Milonga tão milongueira,
abacaxi na figueira,
areia dentro da veia,
sangue a jorrar na torneira.
Por isso, meu coração se biparte
e esvoaça ao redor
de uma quimera sincera.
Não tramo gritos nem grilos,
não busco rictos aflitos,
não espero nem desespero.
Apenas sonho e não quero
projetos no tempo e sim
um ideal sempre atento,
uma vontade, pouco mais que
metade da metade de um devaneio.
(Com tomate de permeio
e pouco sal, que um anseio
já faz subir a pressão
da louca imaginação.)
O resto é nada, é restolho
que já não cabe no olho;
ficou pra sempre na esteira
desta barca sem bandeira
que sulca o suco e se gasta
até se fazer espuma
e se fundir, nua e crua,
na fria carne da Lua.

Um dia, talvez...

Um dia, talvez, a dúvida te assalte
no exato momento em que te lanças
no vazio, em direção ao trapézio
de novas esperanças. E teu pensamento,
quem sabe, vacile; e por um fio
penda tua vida.
Naquele instante que antecede a queda
talvez recordes tuas alegrias e do mundo
faças um balanço e rias do nada
que restou ao fundo de teus dias.
Por um segundo, tua sede de viver
será tua esperança; e voltarás
como criança os olhos para o Infinito,
à espera de um milagre. E então, aflito,
sentirás que teu ser se desmorona.
Já não há quem te consagre
seu afeto, uma frase ao menos
que te oriente rumo à noite;
nem mão que te seque o silente
pranto e aplaque o pavor em que te abismas.
Nessa hora, quando nada mais esperes,
lança teu olhar para além da treva
e esquece teus temores.
Vê como tuas mãos se despetalam
e teus membros flutuam
ao sabor dos ventos, e teus mais belos
pensamentos deslizam sobre a eternidade,
enquanto milhões de vezes nasce e se põe
o Sol sobre o que foi tua vaidade.

Ah, quem me dera um lugar...

Ah, quem me dera um lugar
no olho do furacão
– um centro de paz
no seio do turbilhão!
Um barracão de madeira
rodeado por um jardim
onde ninguém se lembrasse
nem pensasse em mim.

Mulher e filhos comigo,
sem cuidados nem sustos,
entregues todos à faina
de cultivar o umbigo.
Nada de planos nem datas,
visitas ou compromissos;
apenas a chuva nas latas
do telhado e o vento
a cantar nos caniços.

Na hora de comer, comer;
na hora de bailar, bailar;
na hora de dormir, dormir.
E isso não é trabalhar?
Beber água com a boca,
usar os olhos para ver;
parece fácil ao dizer,
mas são necessárias mil vidas
para o aprender.

Nenhum lampejo de inteligência,
tudo opaco, sem brilho:
digamos que se trata de trocar o ouro
pela madeira, o banquete
por um peixe a frigir na frigideira.
De resto, borboletas no espaço,
algumas carpas agitando as águas

do tanque e ausência de mágoas.
Nenhum sonho impossível
lançado aos ares para morrer
no laço; nem suposições,
hipóteses, conjecturas, projetos,
que ao primeiro terremoto
desabassem com pesos concretos.

Visões, sim; mas tão leves
que pudessem pairar
sobre nosso breve dia
com asas de poesia,
sustentadas tão-somente
pela certeza de se estar contente.

Visões de anacoreta a levitar
sobre uma realidade decadente,
de opereta. E, sobretudo, esquecer.
Pois sem o esquecimento,
como fugir ao rugido
de um existir cinzento?
Multidões que se engalfinham,
massas famintas, quadros
impressionistas cujas tintas
se derramam e sujam
a delicada aquarela
do meu paraíso.

Uma criança espreita através
da cerca de bambus
que eu supus um dia construir;
e lá se vai a carpa japonesa
para cima da mesa
de quem não tem o que comer.
Uma velha tosse e o pulmão
se rompe, em bolhas irreais;
larvas astrais estendem as ventosas
e se agarram às paredes
de minhas engenhosas invenções
escapistas; gritos de terror

saltam em galope desvairado
e varam meu sono
com os espinhos do crucificado;
órfãos e mães viúvas
espremem as uvas de seus cérebros
torturados sobre a taça
da trapaça, que eu soergo
sem coragem de beber num trago.

Eu, o mago, capaz de arquitetar
o silêncio taoísta
ao redor deste espanto
que nenhum manto, sutil
ou inconsútil, conseguirá
jamais cobrir nem ocultar.

Ah, quem me dera ter voz
para poder gritar,
até que as paredes do refúgio
erguido no mais íntimo de mim
pudessem saltar! Uma voz tão
potente que abrisse como um raio
o coração de toda a gente
e a fizesse escutar:
não há refúgio taoísta
nem silêncio milenar
capazes de frear a História
em seu pleno navegar.
Da proa deste navio
gritamos – *homem ao mar!*
Do alto deste velame
avistamos o lugar
onde nossa brava gente
irá um dia aportar.

É este o meu refúgio:
não a paz de quem já morto
vê a existência passar
mas a força de quem vive
como velho lobo do mar!

Cantos escuros, esquinas brilhantes

Nos cantos escuros é noite em pleno dia,
pequenos universos com seus astros
de poeira em repouso e órbitas de mofo.
Nada existe ali, do que deve ser visto.
Não só asa ou antena, mas a presença
mesma do oculto, do espaço que parece farejar
o lá fora e que se detém ao mais leve rumor.
À noite não há cantos escuros, só a noite;
e quando se acende um foco de luz,
o que resta não são cantos escuros
mas apenas fiapos de noite, devassáveis.
Sob o sol é que eles existem
e daí decorre seu mistério.
É preciso mais do que amontoado de tábuas,
vão de escada ou fresta de parede
para criar um canto escuro;
é necessário mais do que porão sem janelas
ou gaveta esquecida em fundo de armário.
O canto escuro é algo espontâneo,
um cogumelo de sombra sob a luz do dia,
sem premeditação humana.
Ainda que esteja, muitas vezes, em alma de homem
e ali subsista, à espera de se fundir na treva
da derradeira noite.

O bocejo de Sá-Carneiro

Vi um verme fosforescente
que, paciente, roía meu crânio.
"Passas fome", disse-lhe eu,
que de ideias ando parco.
A lamber os beiços, respondeu
com um gesto luzidio:
"Sou um verme taoísta;
alimento-me do vazio".
Intrigado com a visão impressionista,
passei em revista meus conceitos
e a fio de prumo ergui
minha vida de artista.
Sobre o nada repousa meu destino;
minha presença é uma ausência,
meu fazer, um salto
nos braços da vertigem.
Sustentam-me os dedos da brisa
e minha certeza
é tão indecisa quanto a fumaça
que me beija com hálito de fuligem.
Amanheço bolha, vivo flash, anoiteço bocejo.
E o meu tédio é tão sem remédio
quanto a desilusão do nédio Buda
às portas do Nirvana.
A poesia que de mim flui
emana da falta do Eu
caído entre dedos
para o bueiro dos sonhos perdidos.
Meus anseios distraídos
tropeçam na falta de sentido
e eu sigo aos trancos,
a saltitar, qual moeda, no empedrado
rumo à fresta.
Pouco me resta além
deste desdém com que vou polindo
as unhas, às vésperas da morte.

E enquanto coço um olho,
com o outro rio da sutileza
– esse tênue fio que sustém
minha existência.
A vida é um manicômio
e a maior demência
consiste em crer que se vive.
Olho para o verme e me calo.
E enquanto não vem o anestesista,
contemplo do alto meu destino
de artista, a roer, fosforescente
e solitário, o crânio do Universo.

Tardio poema de amor
a Doña Maria Luisa

Em noite de estrelas banais,
atiradas à vala do lugar-comum,
convergimos para o Amor.
E as estrelas não mais eram banais.

Na chama que então surgiu do nada
(contrariando Lavoisier), assamos nossos corações
atravessados pela seta de Cupido
e os comemos, regados a vinho tinto.
Nossas almas subiram em espiras
e bailaram bêbadas à luz dos astros
que, absortos, teus olhos fitavam.

Jamais estarias tão bela. Nem Julieta,
ao se postar de perfil no quadro
da janela, se poderia gabar
de formosura tão singela.

Tomado de ardor, emocionado,
chamei-te Julieta; e murmuraste "Romeu"...
Quantas vezes terão os amantes
de todos os quadrantes agido assim,
enlaçados à beira do ridículo, sem o saber?

Mas ridículos são todos os que amam
quando vistos por quem não ama.
E hoje nos vemos assim,
tão adultos e ajuizados, tão soterrados
por um monturo de recibos, quitações,
talões de cheques, avisos, carnês
– nossas ilusões postas de joelhos
à frente dos guichês.

Como te amar, doña María Luisa,
entre mil sobressaltos, concessões, compromissos?
Como te amar numa época de horrores
em que os crimes vicejam como flores?

Já não há lugar para sentimentos gentis.
A cada passo alguém espreita,
para tornar a vida uma emboscada
e a luta pela sobrevivência
um escárnio, uma terrível maçada
que nos faz oscilar entre o ideal
e as duras leis da conveniência.

Querias-me leve, ágil, heroico,
mas acabei presa de estado paranoico,
por excesso de lucidez.
Querias-me forte, para manter a nau
no rumo, sem perder o Norte;
mas, ai de mim, abordaram-me piratas
desse navio fantasma que, em noites de cerração,
voga em meu peito, camuflado coração.

Foste meu sonho espanhol,
onde tudo, algum dia, seria melhor.
Via-te comigo em Madrid,
nos cafés da Gran Vía José Antonio,
como convinha a um poeta e sua dama,
tão calmos, tão literariamente felizes,
que me esquecia, por instantes,
da Via Crucis em que vivia.
Alrededor, del campanario, murmuran las golondrinas
ya es hora, dicen las campanas, ya es...

A vendedora de almendras sorria
quando lhe dávamos a pequena moeda.
E entrávamos no inverno como quem vai
ao cinema, esquecidos do frio que, pouco a pouco,
enregelava nossos corações tão sofridos.

Una guitarra en el café; y el Ilanto
se mezcla con el humo de lo puros.

Tudo nos fazia sorrir nesse doce porvir.
Uma copa de jerez bastava
para afastar de mim a tortura, a miséria,
a dor que eu via a cada passo.
Jerez de la Frontera e, depois, o esquecimento.
Mas lá também existe a ditadura,
lembrava alguém. Existe sim.
Mas não é dela que eu fujo;
estou a fugir de mim.

Giran las aspas del molino; giran
y deshacen tu porvenir.

Bati-me em duelo
contra o medo de te perder;
e enquanto me batia, na verdade
te perdia, só por estar a me bater.

E assim deslizamos das alturas
de um terno momento, onde, se levados
pela mão de um vento favorável,
teríamos permanecido toda a eternidade.

Ah, se me fosse dado refazer o caminho
e remover a pedra em que eu-José
dei com o pé, deixando cair
a urna de cristal na qual, ao fundo,
transportava o mundo!

Ah, se eu pudesse reviver o tolo
que ia pela vida como quem passeia
e nunca se arreceia de perigos
mas anda, fala e come com os lobos
como se estivesse entre amigos!

Tu voltarias a ser Julieta,
a brincar com o emaranhado das tranças
como fazem as crianças
enquanto urdem alguma travessura.
Ou retomarias a graça espanhola
que fez de ti, doña María Luisa,
um ramo florido na aridez do meu espanto.

Sozinho, vou pelas ruas de antes
onde nada mais acontece.
Entrevejo-te na multidão
mas te diluis, sem rosto.
Vislumbro-te na esquina
onde um dia projetamos nossa sombra,
de mãos dadas, no branco dos muros;
mas és apenas uma sombra.

Nossos dedos se tocam, por um instante;
depois, minha imagem resvala
e se põe, lentamente, em teu horizonte.
Amanhecerás, estou certo;
mas o teu Sol já não serei eu.

En la tarde vuelan palomas,
una raya de luz en el vaso de vino tinto.

Danças o flamenco
sobre un tablado de mesas
numa tarde madrilenha,
en la Calle de los Cuchilleros.
E assim permaneces em meus olhos:
como num sonho que se repete
mas que é sempre novo quando se ama.

Bem-vinda seja, pois...

Não te quero falar da tristeza previsível,
que nos chega no bojo
de um qualquer fatal incidente.
Desejo que mergulhes comigo
até onde poucos buscam a pérola negra
desse sentimento raro,
ao redor do qual parece crescer
a carne da alma. Uma dor tão funda
que se lhe resistimos
o SER nos treme por inteiro,
como que ameaçado de vertigem.

De qual noite nos lembramos,
repleta de sobressaltos,
que se lhe possa comparar?
De que rosto ousamos dizer:
"É tão belo e terrível
quanto a sombra que às vezes me visita
e cujo toque me faz esmorecer
como se eu estivesse nas vizinhanças da morte"?

Nós, que tão fortes nos lançamos
à conquista, mal nos atrevemos a balbuciar
quando essa tristeza nos enlaça.
É como se esperássemos uma revelação
capaz de subverter nossa existência.
Por isso, ela nos abala como um parto,
ao qual nos submetemos
por isso, quando nos abandona
olhamos ao redor, como se buscássemos
um fruto ou uma prova
de que já não podemos ser os mesmos;
de que uma florescência do Eterno
brotou de nós para durar
depois que tivermos partido.

Sem essa dor seríamos apenas
animais humanos, uma erupção
na face do Tempo. Bem-vinda seja, pois,
a chama que nos edifica
sem jamais se dar a conhecer.
Divino sinal que nos permite
almejar e transcender.

POEMAS QUASE TAOÍSTAS

1984-1985

A montanha do sino

Estava o poeta Su Tungpo
a fitar uma nódoa de chá
em forma de ideograma
e a meditar em *li* –
o espírito interior constante –
quando se deu conta
de que a montanha do Sino de Pedra
acabara de emergir na foz do Kuli,
pouco abaixo da cintura, sob o pijama.
Surpreso, o velho poeta
levou a mão ao cume e depois
apalpou os dois rochedos
que uma vez batidos
emitem um som estridente
(como de resto qualquer rochedo
de tal natureza). E apoiado à mesa,
Tungpo sorriu, feliz
por estar longe da Corte
e fora da política,
a alimentar o espírito interior constante,
ao abrigo dos azares que fazem soar
os rochedos da montanha do Sino.

As quinhentas donzelas do Rei Tsin

Iam as quinhentas donzelas
do rei Tsin Shih-huang,
entre procelas e calmarias,
a caminho dos mares da China,
em busca do elixir da longa vida.
Uma delas, quase menina,
deteve-se junto a uma fonte
e enquanto fazia que bebia
lançou olhares ao poeta Huayang.

Pouco depois, foi o poeta
à casa do amigo Tsungyuan
que, banhado em suor,
guardava o leito, a ver
se despachava uma febre terçã.
"Se fosses um homem poderoso e rico –
disse Huayang, que ainda se achava
no pico do 'monte Demente',
embalado pelo olhar da gazela –
e visses da janela um mendigo
a comer um dos teus muitos melões,
serias capaz de castigá-lo?"

Tsungyuan, que era um cínico,
embora não entendesse de melões
sabia que nos corações os sentimentos
percorrerem sinuosos caminhos
e que as alegorias gastronômicas
têm às vezes relação com as secretas
reentrâncias das formas anatômicas.
"Não importa se o dono dos melões –
disse afinal, a rir – é rico
ou pobre; nem se os frutos
são muitos ou poucos,
desde que ao saciar a sede
o ladrão seja discreto e não se deixe

apanhar na rede." Huayang sorriu
e pouco depois, quando o doente
despertou de um cochilo,
não mais o viu.

Na manhã seguinte, as quatrocentas
e noventa e nove donzelas
do rei Tsin Shih-huang
seguiram viagem, à procura do elixir.

Estrelas cadentes

Nos arredores de Kiukiang,
havia um pequeno lago
onde Fang, o lagarto, reinava absoluto.
Era um ser pegajoso, de olhar atento,
cuja língua certeira já levara
o luto a muitas famílias de insetos
que à beira do lago perderam
seus entes queridos. Mas uma delas
havia em que ninguém morria
por voar ao alcance do inimigo.
"Quando chegarem perto – dizia
a mãe-vaga-lume – não se esqueçam
de aumentar o lume de suas lanternas!
Aquele monstro pensará, ao vê-las,
que são estrelas cadentes."
Na verdade o lagarto bem sabia
que de vaga-lumes se tratava,
o seu petisco preferido.
E por apreciá-los tanto,
deixou-os proliferar às centenas
para sentir bem o sabor da guloseima.
Uma noite, enquanto as estrelas cadentes
bailavam ao seu redor, iluminando a floresta,
o lagarto mostrou sua ciência
e com língua certeira fez a festa.

Uma vista magnífica

Chuglang e Shuehchin, dois vírus taoístas,
escalavam a Grande Montanha
do Arroz Integral – na verdade um grão solitário
que caíra sobre a mesa de um mosteiro –.

Embevecidos com tamanha altitude,
os dois velhos alpinistas guardavam silêncio,
não por virtude mas porque o esforço de subir
os fazia consumir toda a energia.
E assim levaram a tarde inteira,
até que ao pôr do sol, com grande alegria,
adiantou-se Chunglang e chegou ao cume.
Ao redor, a planície da mesa
se estendia até o infinito.

Apoiado em seu bastão, ofegante
e aflito por compartilhar da emoção
do amigo, Shuehchin olhou em direção
ao Sul, onde uma gota de água
contornava o sopé da montanha
como um imenso lago azul.
Abrangendo a paisagem com um voltear
do cajado, Shuehchin exclamou:
"Que vista magnífica!"
E se sentiu pequenino e insignificante
ante a exuberância da Natureza.
Nada mais sentiu nem viu,
porque o monge Tang, que acabara
de comer, espirrou, fungou, tossiu...
e com um trapo molhado, limpou a mesa.

O ambicioso Cheng Tai

No Estado de Tsi vivia Cheng Tai,
que fazia de si uma imagem rara
e alimentava o secreto desejo
de viver na Corte. O anonimato
era para ele a própria morte
e imaginava o quão feliz estaria
entre aqueles que a sorte juntara
ao redor do Imperador.

Por lances do destino que não cabem
nas dimensões deste poema,
viu Cheng Tai atendidos seus anelos.

Casado com uma sobrinha da Imperatriz,
foi logo nomeado para um cargo
semelhante ao de juiz, com a diferença
de que recebia seus proventos
sem sair de casa nem pronunciar sentença.
Por sua garganta corria uma torrente
de vinho e iguarias
como jamais pudera imaginar
em seus devaneios. Durante o dia,
dormia; e à noite, ricamente vestido,
ia gozar dos prazeres que a Corte
lhe oferecia, sem pensar no amanhã.
Viveu embevecido, por muitos anos,
até que uma noite a morte o surpreendeu
nos braços da concubina, uma jovem
fogosa com olhos travessos, de menina.

E assim transcorreu
a existência de Cheng Tai,
sem nada de original, a não ser
desmentir a balela de que os ambiciosos
sempre são castigados no final.

Um ladrão incorrigível

Quando menino, Wu já era conhecido
como "Rajada de Vento", capaz de fazer
sumir uma cesta de ovos
numa centelha de pensamento.
Em se tratando de ovelha
necessitava de três estalos de dedos
e uma vez, estando em meio
aos arvoredos que rodeiam o vale
do rio Oeste, em Changchow,
no Fukien, deu um show de ilusionismo,
convertendo ao Cristianismo um grupo
de crianças enquanto o padre
dizia amém, roubando portanto
à tradição o coração dos pequeninos.
E, de quebra, levou os sinos
do campanário, quatro bancos da igreja
e as galinhas do vigário.

E assim cresceu Wu, até que um dia
sua fama de ladrão incorrigível
chegou aos ouvidos do Imperador
que, num acesso de cólera,
mandou buscar o impostor.
Wu foi arrastado até o trono
e o Imperador, irritado, gritou-lhe:
"Já me roubaste o humor!"
Achando graça na frase que dissera,
o senhor de todos os chineses
desatou os cordões do riso
e nem foi preciso convidar o matreiro
Wu para que ele desandasse a gargalhar
a ponto de perder o fôlego
e chorar. O Imperador havia muito
que não ria e logo se tomou
de simpatia por aquele fedelho
que se atrevera a lhe dar

pancadinhas no joelho.
Wu lhe contou sua vida e tantas
aventuras que o Imperador, num gesto
de cordialidade, lhe pousou a mão
no ombro, em sinal de amizade.
Em menos de duas horas, Wu roubara,
no coração do Imperador, o lugar
de outros amigos e, de passagem,
metera nas mangas algumas pulseiras
de jade, um elefante de cristal
e outras peças do tesouro imperial
que se encontravam à mão.

Viveu feliz por alguns dias,
até que o Imperador deu pela falta
da Imperatriz, sendo informado por sua
mãe veneranda que a nora fora vista
num recanto da varanda,
a esfregar no de Wu o seu nariz.

Com a cabeça no cepo ficou
o pobre Wu toda a manhã
e só não entregou a alma
porque o carrasco, atarantado,
não encontrou o machado.

Ordenou o Imperador que o prendessem
na Grande Torre do Palácio, na província
de Jehol, onde, apesar dos pesares,
sem recursos nem ferramentas,
Wu encurtou a prisão em três andares,

Desterrou-o o Imperador para a montanha
dos Sete Abutres, conhecida pouco depois
como a Planície do Abutre Solitário.

Descoroçoado, reuniu o Imperador
um conselho de sábios e mandou chamar
o reincidente, que alegando uma forte

dor de dente, compareceu enfaixado.
Cabisbaixo e paciente, ouviu o parecer
que era, na verdade, um julgamento;
e como o condenassem a ter as mãos
cortadas, mandou o Imperador que fosse
desvencilhado das bandagens,
para ouvir condignamente a sentença.
Mas não era Wu quem estava na presença
do conselho e sim um pobre
camponês manietado.

"Esse homem é um gênio! –
exclamou o Imperador, a quem
o incidente azedara ainda mais o humor. –
"Se não fosse esta maldita inclinação
para fazer sua a posse alheia,
podia dar um nobre de mão cheia."

O conselho dos sábios seguiu reunido
e pairava no ar um presságio sinistro
quando alguém encontrou a solução
que faria de Wu um homem de bem.
E foi assim que o nomearam ministro.

O oleiro Shangch'iu

Numa noite de lua cheia,
o oleiro Shangch'iu, depois de entornar
meia garrafa de vinho, sentiu-se
flutuar na região que margeia
o lago do Sono Tagarela.
E enquanto falava, de igual
para igual, com o Dragão da Porta Sul,
viu-se transformado numa pequena
borboleta. No início, assustado
e, depois, contente por se achar
de repente sem o peso do corpo
envelhecido, Shangch'iu sorriu
e se deixou levar pela brisa
numa rota indecisa de folha outonal.
Sem se dar conta, entrou
por uma das janelas do Palácio
Imperial e foi cair no colo
da princesa, uma adolescente
de beleza tão rara que pusera
doente uma legião de cortesãos.
Embevecido, Shangch'iu agradeceu
aos deuses por aquela visão
e imaginou o quanto seria feliz
se pudesse transformar em realidade
a ilusão. No mesmo instante,
o tolo Shangch'iu viu-se no colo
da donzela, que se pôs a gritar,
a ponto de acordar a mulher
do oleiro, a qual, por sua vez,
com um certeiro bofetão o devolveu
à sua humilde condição.
Ainda assustado com os gritos
da linda princesinha, Shangch'iu saiu
da cama e foi para a cozinha,
preparar um chá. E enquanto

sorvia o sabor de lembrança
chorou como criança em abandono,
até que o sono lhe acolheu o rosto
e o depositou suavemente sobre a mesa.
Ou sobre o colo da sua princesa.

A melhor caçada

O príncipe de Wu foi à caça
de macacos, acompanhado de Yen Pu'i.
Levava seu melhor arco e ao descerem
do barco em que atravessavam
o banhado, o príncipe o exibiu
ao amigo e sorriu envaidecido.
"Com este arco – disse ele, retesando
a corda até o fim – tenho vencido
inúmeros torneios e ao vê-lo
pássaros engolem seus gorjeios,
macacos eriçam o pelo,
marrecos recolhem as asas
e até os tetos das casas tremem
como se tocados pelo vento."

Ao escutar essa arenga presunçosa,
um bando de macacos desatou a rir
e um deles, depois de subir ao cimo
de uma árvore viçosa
se pôs a balançar o corpo,
dependurado pelo rabo. Furioso,
o príncipe Wu, sentindo-se ultrajado,
praguejou ao lançar sua primeira
flecha que, certeira, atingiu
uma cegonha em pleno ar.
Com uma série de tiros exímios
derrubou o nobre caçador
quantas aves havia ao seu redor,
enquanto os símios, em alvoroço,
agitavam o arvoredo, mostrando,
com a zombaria, que não tinham medo.

Colocando a derradeira flecha no arco,
Wu estirou a corda o quanto pôde
e um pouco mais, de maneira
a que o lance não fosse perdido.

Por um momento o arco rangeu
e depois, com um estalido, se partiu.
Os macacos, em delírio, transformaram
a caçada num martírio e acossaram
o pobre Wu, até que ele bateu em retirada.

Na volta, em silêncio, o príncipe
se deixou conduzir pelo amigo
através do charco, a segurar
em cada mão um pedaço do arco.
"Desta vez – murmurou Yen Pu'i –
fizeste a tua melhor caçada.
– E acrescentou, diante do amigo
surpreso, a quem suplantava
em experiência e idade: –
Alvejaste a tua própria vaidade."

Os pelos do nariz

Estava mestre Chuang em perfeita harmonia
com uma touceira de bambus
que a ventania agitava sobre o muro.
Arrebatado pelo sopro dos sentidos,
mestre Chuang firmava o pensamento
e ao abrigo da sala aquecida gozava
a dupla sensação de paz e agitação,
sem se deixar levar e sem permanecer,
num estado de alma que tudo transcendia.
E por muito pouco, por um triz,
falhou ao penetrar na região inefável
da iluminação. Atormentado por um pelo
no nariz, que lhe quebrou a concentração,
mestre Chuang recuou diante do umbral
e, com um sorriso de autoironia,
abandonou-se ao rumor das próprias emoções.
Depois, como um mortal comum,
arrancou o pelo do nariz.
Sentiu então uma dor sutil
e não pôde evitar uma lágrima
que lhe pôs no olhar um brilho
transcendental. Ocorreu, no entanto,
que seu discípulo Lin acabara de entrar
e com espanto se detivera diante de Chuang
no preciso instante em que o mestre
parecera superar toda ilusão humana,
para atingir, enfim, a iluminação.
Aguardou Lin, aos pés do mestre,
que este regressasse e assim que Chuang
pousou nele os olhos tão brilhantes
não mais se conteve e perguntou:
"Que devo fazer, ó mestre complacente,
para gozar de tamanha ventura?"
O bondoso Chuang, a quem não faltava
o senso de humor, fitou o discípulo
e respondeu com voz de iluminado

ainda conectado à força nutriz:
"Basta que te concentres e, com um gesto
seguro, arranques um pelo do nariz".
Lin, que não era ninguém para duvidar
de quem lhe estava a guiar os passos,
deixou de lado a costumeira eloquência
e com profunda reverência agradeceu e saiu.

Não teve ocasião o jocoso mestre
de desmentir o que dissera, porque a morte
viera naquela noite e o levara
enquanto ele estava a dormir.
E assim, esperançoso e feliz, passou
o pobre Lin o resto de seus dias
e arrancar os pelos do nariz.

Os sobreviventes de Han

Ia a dinastia Han quase no fim
quando se deu o caso fatal.

Rodeada de eunucos, a família
imperial entregava-se a desmandos
e bandos de estudantes protestavam
contra o Imperador. Naquela época
os letrados amavam a política
e entre eles havia muitos dissidentes,
cuja língua forçava a barreira
dos dentes e se punha a bradar
por justiça. Até que um dia,
o Imperador, cansado de tamanha bulha,
abriu as cancelas do terror.
A patrulha dos eunucos saiu às ruas
e centenas de letrados foram
condenados ao exílio, à morte ou à prisão.
Os que restaram aprenderam a arte
da precaução e se tornaram praticantes
da "indiferença taoísta", única maneira
de fazer vista grossa aos sofrimentos,
à miséria, à injustiça, sem parecer
covarde ou egoísta. Alguns buscaram
o refúgio dos montes, onde, encerrados
em cabanas de barro, apodreceram
como pássaros honrados; outros,
à maneira do poeta Liu Ling,
encontraram na bebida uma porta
que os levou às traseiras da vida,
onde adormeceram para sempre.
Os mais astutos fingiram-se
de lenhadores e atormentados por terrores
constantes, pediam à família e aos amigos
que se mantivessem distantes, com receio
de serem descobertos pela guarda imperial.

Mas dentre os covardes, os pusilânimes,
os dissimulados, os traidores encobertos,
houve alguns sobreviventes nesses dias fatais.
Abriram mão da verdade e se tornaram
tolos, amantes dos prazeres, superficiais.

O morto no caminho

Uma revoada de pássaros saudava
o pôr do sol, quando Chuang-Tzu,
que andava pela orla da floresta,
deu com um taoyin, inteiramente nu,
a olhar fixamente o horizonte.

"Que fazes aí? – perguntou Chuang-Tzu,
sentando-se ao lado do pretenso
iluminado. – Pareces uma estátua
de pau, só pele e ossos, e tens
o olhar esgazeado de quem perdeu o Tao."
Como o homem não respondesse,
Chuang o sacudiu e ele
oscilou e caiu pesadamente ao chão,
rolando a ribanceira, sem mudar de posição.

Surpreso, Chuang-Tzu correu atrás dele
e o colocou sentado, apalpando-lhe
o corpo, com receio de que algo
se tivesse quebrado.
Depois, Chuang se pôs a rir
e a falar com o morto
que, sem ouvir, continuava absorto,
a contemplar o que restava do Sol
por trás de um outeiro.
"Vês?! – disse Chuang, aplicando-lhe
um chute no traseiro. – Esse é o resultado
de usares a força de vontade
para dominar os sentidos, os instintos,
as emoções e o últimos aulidos
de tuas ilusões. O querer enrijece;
e só quando o homem se esquece
de si e se abandona ao fluir
do Tao, só então floresce e se ilumina."

"Belo discurso – respondeu o taoyn,
erguendo-se num salto. – És um tolo
tagarela e deste à taramela
para exibir tua sabedoria.
Conheces o ditado: Quem sabe não fala,
quem fala não sabe."

Refeito do susto, Chuang-Tzu balbuciou:
"Julguei que estavas morto".
"Não passas de um idiota – continuou
o taoyn a rir. – Não era para mim
que arengavas tuas baboseiras,
se me tinhas como morto;
falavas com o teu ego e tamanhas
coceiras sentias na garganta
que serias capaz de cuspir sabedoria
até não restar do dia senão
a canção dos sapos e dos grilos."

O homem voltou à postura anterior
e Chuang-Tzu, humilhado, seguiu
seu caminho. Mas a certa altura
começou a rir da própria estupidez.
A partir de então se tornou iluminado
e quando encontrava um morto
fazia uma silenciosa reverência
e mantinha o bico fechado.

A harmonia interior

Diz a tradição que na mão direita
de Mestre Confúcio, sob a unha
do mindinho, uma passagem estreita
levava ao caminho do Céu,
no alto da montanha Tahio.

Vivia ali, diante de um vale
magnífico, livre de brumas,
o sábio Li-Su, amante da música
soprada no cerne do bambu.

Uma noite, adormeceu o sábio taoísta
com a flauta pousada
no lábio e os olhos postos
na vastidão do céu superior.

Sonhou que havia morrido
e que, na escuridão do Grande
Indescritível, um tigre farejava
sua harmonia interior.

Em sobressalto, Li-Su despertou
e correu até a porta, mas se deteve
ao ver que, morta, sua figura
permanecia sobre o leito.

Refeito do susto, o sábio sorriu
ao constatar que não havia tigre algum
e que sua harmonia estava a salvo.
Assim, em paz e feliz, o sábio Li-Su
voltou ao corpo inerte
para receber as homenagens póstumas
dos abutres, antes de partir
para as suaves pradarias de Chang-ti.

O CANIBAL VEGETARIANO

1986-1999

O que é a poesia?

Creio que se possa estabelecer um paralelo entre Poesia e Alquimia. Valendo-me das palavras de Frater Albertus, um alquimista contemporâneo, ao definir a Alquimia, creio que poderia dizer que "a Poesia é o aumento das vibrações".

A Matéria-Prima, cujas vibrações são intensificadas por meio do lavor poético, é a linguagem. E assim como na Alquimia se recomenda que todas as operações, por mais complexas que sejam, se realizem sobre um único elemento, sem qualquer acréscimo, assim também na Poesia nada se deve acrescentar à linguagem. Não se trata, porém, de privilegiar a forma em detrimento do conteúdo e sim de conduzir as operações de maneira que, uma vez encerrada a linguagem no ovo filosofal, ou seja, no âmbito do poema, o referido aumento das vibrações torne essa linguagem "carregada de significado até o máximo grau possível", como recomenda Ezra Pound.

Seja qual for o "conteúdo" que o Poeta-Alquimista pretenda fazer chegar ao leitor ouvinte, deve necessariamente decorrer do trabalho exercido sobre a linguagem, ou seja, das associações, entrechoques, absorções, anulações, intensificações, enfim, todas as reações manifestadas pelas palavras em confronto durante o processo poético-alquímico. Acrescentar elementos espúrios à Matéria Prima, com o objetivo de ressaltar o tema, o conteúdo ou a mensagem, é um erro cometido frequentemente pelos "sopradores", pseudopoetas, que jamais logram obter a Pedra Filosofal.

Cumpre salientar, ainda, que o regime do fogo ao qual é submetida a Matéria-Prima no interior do poema-ovo é de vital importância. Além do fogo comum, gerado pela mente do poeta (forno, atanor), manifesta-se um fogo interior ou "espírito sutil", proveniente da própria matéria e principal agente de sua transformação. Ou seja, a linguagem contém em si mesma o elemento capaz de levá-la à transubstanciação.

O Poeta-Alquimista deve conduzir o processo da Grande Obra com sutileza, deve operar com o fogo externo de sua mente de maneira "que não seja demasiado ardente, nem menos efetivo do que o necessário", como recomenda Basile Valentin, a fim de, "ajudando a Natureza", fazer com que a linguagem sofra uma transmutação, passando da condição de "pássaro sem asas" à de poema alado.

Assim como na Alquimia, a Pedra Filosofal dos Poetas tem diversos graus de eficácia e é passível de aperfeiçoamento. Somente alguns raros poetas conseguem levar o aumento das vibrações ao máximo de intensidade, obtendo, com uma partícula de seu talento, a verdadeira Obra-Prima e a consequente – embora relativa – imortalidade. Se o lavor poético-alquímico falha, a evolução do poema se detém na fase conhecida como *caput mortuum*, um resíduo desprovido de valor artístico. Quando isso ocorre, convém seguir o conselho de Manet: "Se o conseguires na primeira tentativa, muito bem. Se não o conseguires deves tentar até que o tenhas atingido. O resto é pura perda de tempo".

EDUARDO ALVES DA COSTA

LIVRO I

Sou um poeta discursivo.
Meus poemas têm um jeito meio antigo,
Como aquelas coisas que faziam sentido.
Se eu fosse moço e tivesse tempo,
Tentaria a poesia de vanguarda.
Mas o mundo anda tão rápido
E tudo envelhece tão depressa!

O canibal vegetariano

Tolhido pelas tenazes
maturidade premente
espremidos colhões em tarde tépida
típica tropical
abandonou-se demente agônico
espectro sinfônico
derradeiro movimento

Ontem menino lançou a prece-gancho
ao cimo do paredão divino
Galgou medos queimou chão
sozinho mordente arredio cão vadio
insolente
com muitas mãos e mães
uma das quais latina
a lavar a latrina a roupa o chão
no santo altar do lar
outras putas em cujas grutas
colhia a alegria a plenitude

Fedelho marinheiro filhote de imigrante
albatroz alma tímida olhar feroz
subia ao alto da gávea
e sondava o pentelho batido
espumante arpoado frente ao espelho
Olhava a ver se via entre tetas a terra
onde ancorar seu destino sem corar
E ali fundeou fundilhos cantou
canções e estribilhos juras
de amor apátrida sonhos
de conquista vividos a prazo
mas pagos à vista

Lavou os sovacos
vestiu suas melhores intenções
enfurnou no saco alguns maduros
corações e disse adeus aos seus

Metido em terninho garoto educado
menino fofinho desceu à terra
a olhar para o céu
E assim viveu sem perceber
o que a terra tinha a lhe oferecer

De quando em quando abria o saco
e comia um dos corações
fruto suculento que por um momento
lhe soprava no rosto
a brisa das primeiras ilusões
um pouco do mar
e seu eterno movimento nas veias
um sonhar que se erguia em onda
repentina e rompia todas as peias
entre ele e o canto das sereias
oculto em sua própria sina

Sentava-se lampeiro a beber um gim
empertigado como um Byron
quando era na verdade um tímido
anão de jardim aprendiz de poeta
um pateta patético sem ter sequer
o porte atlético
dos campeões olímpicos da Poesia
Fazia versinhos amava as gurias
estudava Direito discutia política
era de esquerda enfim
um idiota perfeito uma bosta
do talhe e do jeito
que a burguesia gosta

E feneceu nesse périplo noturno
ao redor dos lampiões

entre bêbados putas lumpens
e pretensos rufiões a falar da miséria
a planejar revoluções

Um dia meteu a mão no saco
e não mais encontrou o coração
apenas um postal de ilha pacífica
onde um canibal sentado à mesa
de gravata e paletó olhava comovido
para um prato de jiló

Cogitação ao longo do viaduto

Arlequinais boçais caminham no Viaduto do Chá,
multidão de bocós, zumbis de barro, basbaques,
olhos postos nos pés, almas cativas, cuspe no gogó.
E sonhos, inúmeros, que vão
da televisão em cores a novos amores,
tudo pago a prestação.

Em meio ao ranho, gritos, vômito e camelôs,
atravessas o viaduto, antro, reduto,
montra de horrores, onde as dores
anseiam pelo Nirvana do fim de semana.
Coração-viaduto, cartão-postal
desta puta de mil faces, virgem provinciana,
estuprada por todos, rainha de *blue jeans*
no Reino do Guaraná, à sombra dos bananais.

Desces a ladeira de uma febre terçã,
rumo ao ventre do Leviatã
que nos devora à noite e nos caga de manhã,
morte e ressurreição cotidiana
para a exaltação de porra nenhuma.

Teu busto jaz em meio à bruma.
És um herói. Não te apoquentes se por ora
te dói o papel de bandeirante;
ainda verás o instante em que o *nonsense* dessa gosma
ganhará um sentido e esse miasma
em que teu espírito se abruma
se evolará, para abrir, diante de ti,
uma janela isenta de favela,
de onde avistarás o outro Vale,
dos Reis, derradeira meta.

Chegas à tua casa, tiras o paletó,
afrouxas a gravata,
escolhes em tua coleção a melhor bravata
e te olhas no espelho com amor:
nada restou de ti mas és um vencedor.

Brèsil

Monsieur Paul Gauguin olhou a baía
e, enquanto via o azul, a peônia
de pétalascetim, os perriquitos e
eventuais mosquitos de verão, abriu
os olhos – pois vira intrapálpebras –
e se fez presente ante o Brèsil.

A Guanabara, então, era de rara
beleza e na inteira Natureza não havia
espigões de concreto, aviões, avenidas
à beira-mar, nem lotações, nem ponte,
mas apenas o horizonte montanhal
e aquele azul-torquês, e a esfinge
de açúcar, e o Corcovado sem o Enjeitado
acima, nu e cru; apenasmente
a vegetação a pulsar no coração do pintor.
E então o amor cresceu e se pavoneou;
e Gauguin, já familiar, sacou que a cor
era o que havia de melhor, repartida
em fatias ladopostas, a formar vitrais
de luzes tão reais que a pintura quadrada
nada mais teria a pintalgar.

Acendeu o cachimbo, *Monsieur* Gauguin, e embora
não conhecesse Cézanne coçou
o entrecoxas, ajeitou a boina, e, pitando,
pensou em como seria feliz se pudesse
transpor à tela o que a remela
da pintura oficial não permitia ver:
as fortes cores do Brèsil, tão vigorosas,
tão ardentes, de uma vibração
naif, porém com algo mais.
"Se vês a montanha azul, põe
na tela um azul, qualquer azul" –
pontificaria depois; mas agora,
estavam apenas os dois, ele e Brésil,

ele e seu mestre de cores tão corais
que *Monsieur* Gauguin tinha sabores
ao contemplar o mar, *la mer,*
o céu sem nuvens, o verde florestal
e a monumental riqueza da vista
dita "Chinesa". Foi ali – e não quando
Van Goçh descobriu as estampas japonesas –
que o Oriente surgiu em seu pincel.

Monsieur Gauguin desceu ao cais,
viu a carne morena, foi ao fundo
daquele acarajé e pediu mais.
Quando afinal o navio se fez ao mar,
o pintor levava nas retinas
as cores do Pós-Impressionismo
e algumas sensações sutis abaixo da virilha,

Uma gorda senhora, no convés
– como convém em tais situações –,
espanhola, por sinal, com o vento
nos cabelos tão trigais, ergueu
o busto num suspiro e murmurou
(em francês): *Brèsil!* O marido, ao seu lado,
perguntou: *Felis?* E ela: *Si... mui felis...*

E lá se foi *Monsieur* Gauguin,
para viver e pintar sob a inspiração
do Brèsil, até morrer, com tremores
e suores, num recanto de Atuona,
a repetir, num riso galhofeiro:
Brésil... oui... si felis.

O novo

Um ovo poderia ser o novo.
Mas o ovo não passa do óbvio
em cujo cerne se oculta o antigo.
E o mesmo se pode dizer do umbigo,
um elo decorrente que surge
de repente, como se antes não houvesse,
quando, na verdade, nos vem de longe,
com jeito de eternidade.

E assim sucede com tudo quanto
se anuncia com ares de novidade.

O foguete que nos leva à Lua
nada mais é que um flato
ligeiramente modificado
em sua essência, direcionado
para uma finalidade utilitária.
Um mero vento ampliado
que, liberado nos fundilhos,
denuncia um porco, soprado na flauta
dá um músico, e expelido pelo rabo
de um foguete acaba por fazer
de um peidorreiro um astronauta.

Podeis dizer que o telefone, o fax,
a TV são algo novo
na história da humana catadura.
E, no entanto, não passam de impostura,
pretensamente científica.
A TV nada mais é que uma versão
infinitesimal da bola de cristal.
O telefone – com o inconveniente
de ser menos poético, por não ter
de permeio os elefantes – já existia
antes do tempo das cavernas, quando
o interlocutor punha entre as pernas

um tronco oco, à guisa de tambor,
e o percutia com dois pedaços
de madeira, de maneira a transmitir,
à distância, alegria, apreensão,
estupor ou ânsia. Um método objetivo
e esguio, já que sequer necessitava de fio.

Quanto ao fax – que consiste
em se meter numa linha telefônica
uma mensagem escrita, fato esse,
diga-se de passagem, com aparência
de façanha titânica, visto que
se enfia na tal maquineta
uma folha de papel, escrita a máquina
ou caneta, e o referido papel,
atravessando os ares, rios, montanhas,
vales e mares, chega ao outro lado
do mundo sem a mais leve amolgadura,
muito cabal e enxuto, mesmo que
em seu universal caminho tenha
encontrado tempo chuvoso –, não passa
(refiro-me ao fax) de truque barato,
que nos vem travestido de aparato eletrônico.
Muito melhor fez a tia
de um meu ancestral distante,
à época de Dante,
que por artes de telepatia, sem papel,
máquina ou caneta, sem eletricidade
ou qualquer outro moderno recurso,
estando ela em Viseu, Portugal,
colocou a cabeça entre as mãos, concentrou-se,
deixou vagar a imaginação, livre
de rédea, e soprou aos ouvidos do Poeta,
verso por verso, a *Divina Comédia*.
Acrescente-se ainda que tal transmissão
se deu em condições adversas,
já que o Vate vivia proscrito
e o manuscrito, dada a longitude
da época, teve que ser inteiramente

redigido a mão, com a agravante
de ser Beatriz uma jovem frívola
e maçante, não lhe deixando um instante
de tranquilidade poética, sem a qual
a estética está mal servida
e assim também minha tia ancestral,
que pela estática emocional do genial
artista se viu obrigada a tal esforço
telepático, que o gaio entretenimento
acabou por lhe gerar no cachaço
um bico-de-papagaio.

Conclui-se, pois, e sem contestação,
que o novo ao mundo lançado
sob as luzes da propaganda
nada mais é que um reciclado,
como, aliás, tinha afirmado
o bíblico rei Salomão, a quem a referida
tia igualmente forneceu inspiração.

E visto ser a vida uma sarabanda,
um eterno *déjà vu*, aqui estou,
na varanda, à espera de que o garçom
me traga um ovo, já que dos poetas
– entre os quais me incluo –
não posso nem quero esperar o novo.

Ausência materna

A vida tratou-te a golpe de foice
e de ti agora resta o tronco descarnado.
Foi-se – poderia eu dizer em rima infame –
o tempo em que, famélica, tua alma
olhava o descampado ao redor, e, ainda assim,
a tiritar de frio, cria no amor e ansiava
– ingênuo querubim – pelo regaço da vida,
mãe ausente, madrasta, alheia a todo sofrimento.
Hoje, abandonado, avassalado pelo pranto,
medes o comprimento de teus dias,
findos e por vir, e tudo te parece
excessivamente lento, incompreensível,
deprimente. Ainda que às vezes sorrias,
e, na verdade, os teus dias nada tenham
de cinzentos – pois são em grande parte imaginários
teus tormentos –, sofres inúmeros vexames
à espera de que ela te faça uma visita
e te diga algo que permita um reflorescimento,
uma transformação do poeirento cenário
interior em campina verdejante, florida,
onde a vida, ainda que velhinha,
te dê o ansiado beijo, algo que te justifique,
uma entrelinha ao menos, compreensível,
nessa mensagem enigmática que é tua presença
no vastíssimo palco, na risível comédia.
Somas o estado de ânimo de todas as alminhas
tuas irmãs, tiras a média, e constatas
que a nenhum vencedor caberão
as tais batatas, pois com exceção
dos iluminados – filhos privilegiados
de outra mãe, semideusa talvez –
estamos todos mal-arranjados; e se houver
juízes ao cabo certamente nos meterão
no rabo uma condenação perpétua,
algo de monta, que uma vez fechada a conta
nos faça amaldiçoar o termos nascido.

E vês que, para consolo teu, no meio
dos condenados já estou incluído.
Quanto a mim, não me queixo;
e como não sou louco, alegro-me com pouco.
Reclinado no sofá vou tragando
um cigarro imaginário, bebendo
minhas cervejinhas e admirando
o adejar das bucetinhas – esses magníficos
parques de diversões dos quais saltam
bilhões de idiotas que fazem desta Babel
uma tapeçaria colorida para aquele
que ama e sabe desvendar o reverso da trama.
Quando estou triste evito a lamúria,
o tom patético. Solto um peido metafísico
e rio do hipotético sentido oculto deste desvario.
Se isto fosse um filme de terceira,
ainda poderias esperar um desfecho
à antiga. Tua mãe, velhinha, de face
puída, atirar-se-ia ao chão, ante os juízes,
a gritar "eu sou a vida", tendo no olhar
uma lágrima que lhe incrementasse o brilho,
para tornar ainda mais patético o derradeiro
apelo: "Absolvam meu filho".
Contudo, considerando-se que o Diretor
da película é bem mais que perfeito,
embora não lhe compreendamos o enredo
(que às vezes chega a meter medo)
é bom que te prepares para a ausência
materna, e, munido de lanterna,
aguardes o momento de entrar no labirinto
do Além, onde a eterna escuridão reparte
amargos pães entre os tolos
que ousaram atravessar este mundo
confiados em suas mães.

Serapilheira de titãs

Foi-se a tua alegria. Pesa-te nos ombros
o fardo da liberdade.
Que vastidão insuportável o mundo,
que fundo o desespero de te imaginares distante
do confortável calabouço, no qual,
ignorante do horizonte radiante,
róis a côdea de tuas dormidas certezas.

Nasceste para as galés, és como as vacas
dos presépios e nem Asclépios
te poderia erguer d'entre os mortos.
Picou-te a maldade da vida,
qual serpente, e uma febre persistente
levou-te ao fundo da prudência,
onde a demência ilumina teu caminho
em direção ao aniquilamento.

És um jumento cego das regiões
abissais e te regalas com o grasnar
do corvo a murmurar: "Nunca mais".
Enrolado sobre ti mesmo, em posição
fetal, atingiste o Nirvana, o patamar
ideal, no qual o banana, o covarde
confesso jaz sob o gesso. Crisálida
inválida, fugiste da luz e te sentes
em casa pregado na cruz. Tua vida
vendeste aos porteiros do Inferno
que te guardam das dores do mundo
moderno. Envolto em bandagens
repousas alheio às humanas paragens,
nas quais o Presente semelha insensatez
e a lucidez uma ameaça que não vês
senão como trapaça. E assim se extingue
tua raça valetudinária, que se esgarça
qual roupa ordinária, serapilheira
com que os titãs, à sua maneira,
fazem a faxina do mundo
e nos preparam novos amanhã.

Ou será um *bandoneón*?

A morte é um biombo
(ou será um *bandoneón*?).

Que tristezas se agitam atrás
desse reposteiro, em cujo verso
nos debatemos?

Dizem que Deus está à espera
e que a eternidade é um tango
de infindável melancolia.
Alguém – talvez com asas – nos divide
em dois grupos, à direita
e à esquerda do trono divino.
E enquanto nos alegramos
ou nos justificamos diante
do Altíssimo, um anjo torto,
inventado por Drummond,
cerra as asas do biombo
(ou será um *bandoneón*?).

Fechados para sempre na morte,
discutimos futebol, tomamos
um cafezinho. E assim a eternidade
caminha para seu fim:
eu falando mal de você,
você falando mal de mim.

Nos vãos, nos entres

O amado Vinícius que me perdoe
mas a beleza não é fundamental.
Beleza essa, a que me refiro,
de talhe, perfil, silhueta,
coisa de saboneteira e teta
– aquele tiro de mulher
que, mal desponta, fatal,
já tonteia e empolga a turba
nas gerais. E mais: isso
de falar de rabo e coxa,
umbigo, arquitetura, cabeleira,
olho, dedão, me dá a impressão
de júri observando gado,
na bobeira de quem não vê
além do que se vê. Pois
beleza, mesmo, essa da mulher,
está nos vãos, nos entres,
nessa telegrafia sem fio que perpassa,
qual arrepio, o plano sutil
e antes de chegar já partiu
por entre as malhas da intuição,
algo sem motivo nem explicação,
que para um nasce da bunda escultural
e para outro, da corcunda,
tendo ambos razão por igual.
Porque o Amor é uma espécie de bobeira,
uma sabedoria estouvada, que tem os olhos
metidos na algibeira e avança
às apalpadelas, transformando bruxas
em donzelas e obrigando beldades
a se derreter em desvelos com homens
que mais parecem camelos.
As feias, portanto, podem dormir sossegadas
e ressonar de boca aberta, desgrenhadas,
pois sempre haverá alguém capaz de vê-las

no pedestal. Se assim não fosse,
este mundo pertenceria apenas
às Vênus de Milo, cujos traços
perfeitos nos fazem às vezes esquecer
de que lhes faltam braços.

Um grilo desmancha o universo

Na folha pousado, ao alto
de uma haste de capim, um jovem grilo ousado
lançou seu cricrilar ao espaço infinito.
Não foi propriamente um grito mas antes
um murmúrio patético, um som espúrio
que beirava o ridículo. E, no entanto,
ao ouvi-lo tremeram os astros nas remotas
galáxias, tomados de espanto, desviando-se
de suas rotas, colidindo, a ponto
de os deuses, que estavam dormindo,
convocarem uma reunião de emergência.
Em meio à demência que então sobreveio
na Terra ameaçada – um desabar
de montanhas, um rugir de lava
subitamente liberada –, continuava o grilo
a resmungar seu queixume às estrelas,
até que uma cigarra, ao vê-las desabando
dos céus, se deteve para escutar
o que o outro dizia. E qual não foi
sua surpresa ao constatar que o grilo, embriagado,
apenas repetia, no mesmo diapasão:
Só gostaria de saber quem foi o puto
que apertou o botão!

Insônia

Como chateia isso de ouvir
ladrarem os cães à noite!
E o pior é que nem sou fumante.
Folheio uma revista, ligo
e desligo a TV, preparo um chá.
Que fôlego têm esses cães!
Deviam ser políticos.
Sorvo meu chá e reconheço
que encalhei nos sargaços,
prendeu-se a aba da vida
numa rebarba da cerca
e aqui estou, entre a xícara
e o Universo, perplexo.
Minha voz resmunga e eu me assusto;
só me faltava dar em falar sozinho!
Porra, será que esses malditos cães
não tem um osso para roer?!
Abandonei o fumo, deixei de beber
e confesso que me sinto muito pior.
Antes, ao menos, eu acendia um cigarro
ou brincava com as pedras de gelo e tudo
ia tomando seu lugar. Mas essa
de estar aqui sentado numa poltrona,
como quem espera sua vez no dentista,
é mesmo uma grande chatice.
Amanhã não vou ao trabalho.
Que diabo vou fazer lá se nem mesmo sei
o que ando a fazer no mundo?!
Escrevo uma carta simples, objetiva,
meto-a no correio e depois vou ao cinema.
Para sempre. Lá ao menos a vida se resolve
em duas horas, com direito
a jornal, desenho animado e *trailer*.
Por que será que os cães deixaram de latir?

Para que servem os vizinhos?

Hoje a gorda não me disse bom-dia.
Esta é a terceira vez na semana
em que ela finge não me ver.
Moramos lado a lado há onze anos,
Temos um pé de chuchu em comum
(que, por sinal, deitou raízes
do lado de cá do muro)
e a filha da puta nem me diz bom-dia.
Se eu vivesse na China, podes ter certeza,
todos se curvariam e me diriam
bom-dia. Os paralíticos, inclusive.
É uma questão de cultura.
Não que isso me faça falta,
a mim, pessoalmente; mas estou certo
de que é o mundo inteiro quem perde
quando um sujeito sai de casa,
para o trabalho, um sujeito honesto,
cumpridor dos seus deveres, e a vizinha,
seja ela gorda ou magra,
não lhe diz bom-dia.
Não sei se já reparaste nos pardais,
esses pássaros vulgares,
mal-ajambrados, sujos. Eles nem sequer
têm uma corzinha nas penas, não sabem cantar,
mas se um deles sai para o trabalho
podes estar certo que todos os outros
lhe arrulham um sonoro bom-dia.
Até os vermes, nas profundezas
abissais da carne pútrida,
maneiam a cabeça quando se cruzam
como se vê na antológica cena de
O Encouraçado Potemkin.
Ontem a gorda colheu uma bacia de chuchus,
com uma avidez que fez tremer o muro;
e não me disse bom-dia.

Afinal, para que servem os vizinhos?!
Mas não se preocupem, eu tenho
meus informantes. O proprietário
vai colocá-la no olho da rua.
E seja quem for que lhe tome o lugar
não colherá um único chuchu,
a menos que me diga bom-dia.

Pizza à calabresa

Ah, quanta poesia, quanta beleza
em certas expressões populares: *Cacete,*
pisei na bosta! Sob a aparente
crueza e as cores vulgares, há qualquer
coisa de sublime, indefinível, enxuta.
Um dia ainda vou arrebentar a cara
desse filho da puta! Sente-se nessas
frases de aparência despojada
um frêmito de realidade,
uma eletricidade excitada,
nua e crua. *Caralho! Quer parar*
de encher o saco?! Pode ser rude
mas o fato é que a vida, aqui,
embora descontrolada, bêbada,
sofrida, nos chega num relance,
num atalho, soco na cara, vômito
expressivo, alheia aos voos altaneiros
que traçam o perfil dos cavalheiros.
Vá se foder, meu! Que liberdade,
que atrevimento. Um pigmeu,
um jumento, à míngua de outros
recursos, destrava a língua e reduz
um gigante a pó de merda.
Vê se olha por onde anda, seu veado!
Como não ficar emocionado com tamanha
coragem? Não que o veado, no caso,
signifique veadagem, é apenas
uma força de expressão, um chute
no motor, aditivo escroto a nos lançar
no alvoroto do conflito, no limiar
do infinito, após o qual alguém
pode se dar mal. *Corno é a mãe!*
E a mãe nem sabe que, graças a ela
e ao hipotético adultério do marido,
um atrevido lança mão do despautério
e amplia o alcance do significado.

Enfia os dedos no cu e rasga!
Um *sepuku* anal, experiência visceral,
suicídio de homem muito macho
que se abre ao meio pelo racho,
qual fruta madura, num gesto
de mórbida candura. Contribuições,
todas elas, de mentes primitivas
e singelas, que, ignorando o recato
e superando o pudor, contribuem
com seu amor estapafúrdio para fazer
da língua portuguesa algo saboroso
e picante, uma espécie de pizza
à calabresa, regada com molho ignorante.

Vetustas vanguardas

Querem alguns que o Poema
seja uma espécie de catálogo de tipos
organizados caleidoscopicamente;
e consideram discursiva
toda tentativa de traduzir em versos
o pensamento, à maneira antiga.
O Poema – dizem – deve ser telegráfico,
plástico, elegante e pedrês,
uma contrafação do ideograma chinês
que nos transmita, num relance zen,
todo o significado que ele contém.
E eu, que não sou poeta ciumento,
apresso-me a louvar tal procedimento
científico, tão inovador que há décadas
permanece vanguarda. Afinal,
meter um idioma latino em molde oriental,
de maneira a transmitir com alguns traços
uma ideia complexa, é uma façanha linguística
comparável somente à invenção
das placas de trânsito ou do símbolo
– hoje costumeiro – que nos indica
onde fica o banheiro. Se eu usasse
chapéu, juro que o tirava para render
homenagem a tal esforço erudito,
a esse *tour de force* sintético,
um tanto raquítico, é verdade, quando
traduzido na prática, mas essencial
à evolução da chamada *ars poética*.
Não foi à toa que os inventores da nova maneira
passaram a dominar os círculos acadêmicos
e os veículos de comunicação, apossando-se
da torneira pela qual flui o mel da mútua
louvação. Os outros, os anedótico-discursivos,
submetem-se a viajar no estribo,
agarrados ao antigo versejar.
O que me intriga é que tais cientistas

sofram recaídas e abandonem por vezes
a pílula sintética, para nos servir um prato
requentado, que, além de anedótico-discursivo,
seria motivo de riso, se para tanto
nos sobrasse tempo. Mas o realmente inquietante
é que se batermos à porta desses poemetos
de vanguarda, ficaremos sem resposta;
pois atrás da fachada à qual eruditos rendem
homenagem e basbaques dizem amém,
não existe ninguém.

Cena literária

Estava eu a voar a grande altura
como convém a um amante
da Escola Condoreira, com o vento
nas penas e arrepios nas plumas,
quando entreouvi, nas brumas
de uma nuvem chuvosa, o lamento
de uma voz chorosa, de menino.
Em sobressalto, abri as asas
a plena envergadura e me lancei
num salto mortal que me fez perder,
além da altura, a altaneira compostura.

Adensa-se a nuvem,
trovejam energias descarregadas
em soberbas colisões, e ali, aturdido
por um relampejar de filme *noir*,
deparo com um poeta aprendiz
a remar contra a tempestade
num voo cego, de perdiz.

Sem tempo de pensar se o devo salvar
ou se melhor seria para as Letras
deixá-lo despencar no turbilhão,
decido agarrar o infeliz pelos cueiros
e, depois de repreendê-lo por sua *estultice*,
depositá-lo a salvo na relva da planície.

E assim, levando a temerária carga,
vou descendo suavemente; e para tirá-lo
do susto demente, lhe digo que pare
de chorar e olhe a paisagem. Pouco
abaixo, a perder de vista, planam
em círculo as aves do cardume concretista,
cuja plumagem, de cores desbotadas
pelo tempo, não condiz com o porte
autoritário, que lembra o tom
de um velho suplemento literário.

Meu poeta aprendiz, ao ver aquela
sarabanda geométrica, sente
nas asas uma comichão elétrica e quase
me escapa, ávido por se juntar
à retaguarda do que lhe parece
um movimento descendente de vanguarda
"Não te ponhas tão afoito", murmuro.
com medo de ser ouvido pelo chefe
da escola, que, por frequentar há muito
aqueles céus, já se tornou íntimo
de Zeus e poderá castigar minha perfídia
com o silêncio da mídia, ou esfregar
minha cara no chão com o peso
de sua enorme erudição, amplamente comprovada
a cada tradução de poeta estrangeiro,
para deleite do nosso galinheiro.

"Aconselho-te a esperar um pouco mais",
prossigo, sem usar garras ou relho,
embora o fedelho, por mal-agradecido,
bem o mereça. Aquieta-se, afinal,
mas o que realmente o convence
é ver que a espiral, apesar
de se mover de modo a impressionar,
não vai a parte alguma nem sai
do lugar. "Será esse o moto perpétuo?",
indaga, constrangido, e eu, cansado
daquela canção e sentindo nos colhões
o peso da perene empulhação, dou
de ombros e com alguns golpes de asas
o levo para o alto de um outeiro, onde
adejam as palmas de um coqueiro.

Não fosse pelas aves de arribação,
de que as encostas estão recobertas,
poderia o meu poeta divisar algumas
importantes descobertas. Mas por ser
grande a animação e irritante o vozerio
dos que tentam galgar a vertente

para chegar ao cimo, atropelando-se
mutuamente, desprovidos que são
de asas, ali nos sentimos
como quem pisa em brasas
e nos vamos, lado a lado, em busca
de outro lugar, ele açodado
e eu sem pressa de chegar.

Refeito do susto e um tanto envergonhado
por se ver tentando a imitar o voo alheio,
o filhote de poeta sai, por um momento,
de seu alheamento e assume a falsa
humildade com que certa mocidade reconhece
a própria ignorância; mas seus olhos traem
um quê de ganância e seu biquinho
trêmulo denuncia um êmulo arrivista.

Fitamo-nos, em solidão, no alto
de um penhasco e mal posso reprimir
o asco ao vê-lo assumir uma pose de artista,
antes de se lançar no antro da voragem.
"Talvez não saiba o que faz mas tem coragem",
admito. E lá vai ele, a sumir no vazio,
tão veloz rumo ao desastre que um calafrio
me obriga a fechar as asas sobre o peito.
"Na verdade, o menino leva jeito – concordo –.
Se não quebrar os cornos no trajeto e souber
tecer os pauzinhos, acabará convencendo
a fauna vária de que nasceu e está pronto
para a cena literária."

Uvas de fina cepa

Os poetas pululam feito moscas
neste verão. O que não falta, por aqui,
é inspiração. Qualquer pingo de gente,
ainda nos cueiros, ensaia os primeiros passos
na gramática, faz uma leitura ligeira
dos clássicos, e, após meio ano de prática,
sai aos trambolhões, num voo rasante
sobre a arte de Camões.

Alguns se estatelam, dão com os cornos
no ridículo; outros voam em círculo,
à espera de uma corrente ascendente;
muitos desaparecem na bruma ou se tornam
prosadores, juízes, balconistas, vendedores
de enciclopédia, fazedores de média
junto à mídia, ou, em casos extremos
– veja que delícia –, agentes de polícia.
E ao final da safra,
depois de pisadas as uvas pelas patas
da vida, fermentados os humores,
concedidos os favores das musas
e concluído o trabalho de alimentar
o lagar, talvez nos fique algo
para guardar nos tonéis de carvalho.

Aos mais afoitos não agrada tal submissão
ao tempo, o estarem destinados a outra geração.
Desejam ser tragados sem demora,
mesmo que depois os deitem fora
num revirar de tripas.

Enfim, isso de repousar, em tom dourado,
num copo de cristal, a ser saboreado
pelo *gourmet*, é coisa, já se vê,
para uvas de fina cepa, a derradeira
armadilha na qual a matilha
aventureira se estrepa.

Neopaganismo

De que adianta fechar os olhos
e tapar os ouvidos?
A loucura que infectou as fontes da vida
já lhe entrou no sangue, meu caro,
e você nem deu por isso.
Estamos todos com a peste;
nem as beatas escapam.
Não se sabe como a coisa ocorreu:
de repente, o mundo cristão caiu em si
e se viu em pleno paganismo.
Hoje, come-se um irmão
com o requinte de um *gourmet*;
e depois, vai-se à missa e comunga-se
com a alma enlevada.
Na bolsa dos reais valores,
cem padres valem um economista;
e cem economistas, um subalterno
do Fundo Monetário Internacional
– o Vaticano moderno,
que transformou em dogma
a ascensão do dólar.
Não só adoramos o bezerro de ouro
como o temos a mugir no sangue,
uma besta que prenuncia o Grande Baal,
engolidor de alminhas sonolentas.
Nada de transcendência, de anseio;
e muito menos de temor reverencial,
que isso é tolice. Perdemos o respeito.
O demônio nos tocou com sua asa
e nos enchemos de vento;
somos imensos pastéis metafísicos
a arder na banha da mediocridade consumista.
"Ama teu carro como a ti mesmo."

Somos o máximo, somos o brilho
mais intenso da galáxia

e rumamos para o infinito
com a certeza de que outros mundos
se curvarão a nossos pés.
A menos que algum velhinho, lá em cima,
um desses deuses menores, faxineiros,
se canse do espetáculo mambembe
e desligue o aparelho
devolvendo-nos ao eterno silêncio.

Turva lembrança

Aí vão os "vagabundos", bundando
pelas ruas, sem destino,
difficult-riders, bagaços humanos
sem planos nem futuro,
dando duro pra viver no mole,
molestados pelo banzo,
zonzos proletários, que dormiram
espertos e despertaram otários.
Proliferam, são miríades,
bocas bêbadas, olhos injetados,
enxames de fantasmas engolfados
pela geleia geral,
tocaiados na ilusória planície
tropical, entre o bem-bom
e o mal-a-pior. Piolhos
na cabeleira angelical
do Deus-Menino – adormecido
no curral –, encurralados,
fodidos e mal-amados, no embolo
sem sentido de fezes, urina,
couro curtido, feridas nas virilhas,
mosqueiro, e um cheiro
de fazer chiqueiro parecer
regaço materno. Podres em vida,
almas penadas, finadas ilusões,
remoídas e cagadas ao relento,
onde a sombra de nenhum pensamento
lhes serve de guarida.
Vida cabreira, putíssima,
algaravia sobre o monturo,
olhares de soslaio, duro ranger
de parcos dentes, desmaio,
turva lembrança da criança
que um dia, se sorriu,
ninguém sabe, ninguém viu.
E ao redor, passivo,
a torcer o nariz e a fazer figa,
ocultando a mão, o povo cristão.

Bicho geográfico

Seu Raimundo tem bicho-de-pé;
dona Flora, bicho-geográfico.
Ele futuca a pele com o canivete;
ela flutua, nas nuvens,
e se deixa levar pelas distâncias.
Seu Raimundo futuca e geme;
Dona Flora flutua e suspira.
O bicho do seu Raimundo veio
da terra, não transmite nenhuma
transcendência; o outro,
pelo contrário, caminha nos meandros
da alma, insidiosa verruma
de frustrações e silêncios,
tear de anseios, moinho de lágrimas.
O canivete futuca e expurga:
problema resolvido.
Mas o bicho-geográfico não tem cura
e ainda que dona Flora
pudesse atender aos seus reclamos
continuaria verrumando, tecendo,
moendo, até o último suspiro.
Dizem que o bicho-geográfico
acompanha a alma pelas regiões
do infinito e a impele a voltar
a este mundo, inúmeras vezes,
para suspirar, silenciar e chorar
sem motivo.

Descanse em paz seu Joaquim

Parece que desta vez o meu vizinho,
seu Joaquim, não escapa. Chegou-lhe, à socapa,
a febre da monotonia. Dito assim, por alto,
isto não traduz o sobressalto que em mim
resfolegou, ao me ver ante o vírus
fastidioso, que uma vez inoculado
nos leva a mergulhar na sensaboria,
no tédio mortal, e, dia a dia, corrói
os tendões da alma, de maneira a fazer,
da energia, pasmaceira, indolência, apatia.

Fui ontem visitar seu Joaquim
e ele, olhando-me com ironia, disse-me assim:
"Tu sabes muito bem que monótonos
são todos os dias, embora os queiramos meter
em fantasias coloridas, para fazer
das horas vividas uma ilusão suportável.
Por mais amável que nos pareça o destino,
a existência é um violino sem cordas
a tocar para um surdo, com ares de orquestra.
A tal variedade infinita não basta
para nos encher a alma, como nos forra
o estômago uma boa pasta.
Não nego que haja por aí alguns dementes
a babar ante a exuberância do Universo.
Mas vista pelo reverso a cena se mostra
ilusória, uma história para infantes
que antes de fechar os olhos já estão dormindo".

"Monos me mordam – respondi – se a atonia
deitar em mim as mãos e eu não reagir
à altura, pois isso de baixar à sepultura
por obra da ausência de horizontes,
não condiz com meu temperamento de jumento.
Não, eu não me renderei à peste *bobônica*,
ainda que, em velocidade supersônica, faça tombar

multidões de Joaquins! Seja vírus ou serpente
quem me tente, não doarei meus olhos
para que cegos não vejam e videntes entropiquem
na atropia. Bem-vindo seja o *tão* de cada dia
que me couber em partilha, não importa
se banquete ou sopa de ervilha."

E assim conversados nos fomos,
eu para a vida e ele para a cova.
Descanse em paz seu Joaquim, pois, quanto a mim,
farei da monotonia um tamborim
e nele, com garra, baterei até o fim.

LIVRO II

Não me serve qualquer fonte
nem sombra à beira da estrada.
Quero a água cristalina
em leito de pedra clara
e o ramo, suspenso,
de limoeiro encantado
que brotam do coração
de Antonio Machado.

Atado ao leito deste hospício em ruínas

Apliquem-me, por Zeus,
uma Grécia na veia!
A vida anda tão feia, tão disparatada,
que só uma renovada visão helênica
me pode servir de instância
capaz de transcender tamanha ignorância.

Esbarro a cada passo com um asno,
uma anta, um suíno, e nos olhos
do menino antevejo o assassino.
A estupidez é um incêndio ateado
pelos tolos, que faz arder
a secura do Ser, erguendo rolos
de bazófia em meio a escombros
crepitantes, enquanto ignorantes
dão de ombros e indiferentes
riem a plenos dentes.
Vai-se o esmalte civilizatório
e já estão a queimar os móveis
do escritório; rangem as juntas,
desabam telhas, desconjuntam-se os caixilhos,
o edifício social dança nos trilhos,
vem tudo abaixo num estrondo colossal
sem que se altere o sono do boçal.

E eu, atado ao leito deste hospício
em ruínas – embora não esteja convencido
de que tenha (jamais!) enlouquecido –,
vejo descer sobre mim a noite definitiva,
que, em trajes de enfermeira,
rodeada por uma comitiva zombeteira,
acende o candelabro, no qual ficam a luzir
o escárnio, o crime, o descalabro.

Ferrão clerical

Arpoado no mais íntimo do ser
pelo ferrão clerical lançado ao meu costado,
em meio ao *fog* matinal, debato-me
e mergulho, arremeto, urro e me derreto
em rubra mancha fatal, antes de baixar
à abissal amplidão da morte em vida.
Eis-me agora preso à coleira, no interior
desta vitrina, onde nem mesmo em pensamento
me posso entregar à vida libertina. Seios,
bundas, coxas, bucetas, foi tudo à breca,
arremessado aos ares numa golfada de amor
espiritualizante, que faz da vida um instante
fugaz ante a eternidade – esta sim,
a única verdade a cujos pés devemos depor
todo sentimento, já que o investimento
na matéria não rende dividendos, a não ser
no presente imediato. Não importa que a vida
palpite em dança de Brahma e o sangue
anseie por desatar um ciclone em minhas
veias, arrebentando todas as correias
desta máquina infernal a que me ataram
na infância, para cumprir um destino
de anjo em tempo integral, com repouso
aos domingos e direito a anestesia geral.
Anjo de procissão, com vestidinho rendado,
porte de rainha, asas armadas com arame
e penas de galinha. De tanto ouvir
a ladainha dos salvadores de almas
deixei meus impulsos vitais
e rotulei de louco o mais ínfimo desejo
de sentir no rosto a amplidão do vento
e sufoquei todo pensamento egoísta
procurando afastar a vaidade de me considerar
um ser humano, com direito à liberdade.
Arranquei de mim toda esperança
às portas do sempre adiado Paraíso

e quando dei por mim estava manietado,
gasto, murcho, deprimido, a fazer parte
de um enredo sem sentido. E sendo assim,
jovem leitor, a quem fazem fremir
os primeiros acordes do amor – ou talvez
sejais uma leitora, por quem o próprio Sol
num relance se enamora – eu vos previno,
sem nada vos cobrar além de um breve olhar
e uma pausa no tropel de vossas emoções:
por maiores que sejam as tentações de abandonar
a vida em troca de delícias futuras, procurai
manter vossa fidelidade à carne de que sois feitos.
Pois só assim o que em vós existe (e isto
é certo) de espírito verdadeiro poderá
um dia erguer a face, e, num voo altaneiro,
buscar a presença do Altíssimo.
Porque na carne está vosso caminho,
ao longo do qual encontrareis inúmeros idiotas
e farsantes, que vos indicarão centenas de atalhos
para vos lançar a telúricos trabalhos
a cujo termo estareis definhados e abúlicos;
e vossa pretensa santidade nada mais será
que a estratificação de uma vaidade
travestida em honradez e entronizada
no altar de vossa imensa estupidez.

Que me respondam

Disseram-me ontem que Deus morreu.
E eis-me aqui, sentado à soleira,
presa de uma pasmaceira pagã,
atado ao tronco do tempo.
Que posso eu, tão ínfimo, esperar
deste lugar ao qual acabo de chegar
se a vida, num giro furioso,
já me lança em direção à partida?
Para onde irei, penso eu, agora
que meu Pai morreu? Que deuses,
de barro ou lenha, me darão
a senha? Como saber em que
estação descer, se ao longo da força
que me leva é tudo treva?
A quem pedir que me diga
onde matar a sede, ou que estenda
a rede sobre abismo deste súbito
ateísmo? Onde a sutil energia
capaz de me erguer de mim,
para, no momento do fim, fazer
pousar minh'alma aos pés
(de quem, meu Deus?!).
E quem me dá garantia de que,
libertos os elementos, uma súbita ventania
não nos arraste às baixas regiões,
onde legiões de demônios, à solta,
nos moerão eternamente?
Acaso resistirei à queima irremissível
do fusível graças ao qual me posso
acender? E que dizer da queda,
do retorno ao reino animal, sem coroa
nem cetro real, pessoinha humilíssima,
réu de crimes inafiançáveis? Assim,
nu, sem paternidade? O que fazer
da vaidade, da imaginária grandeza,

da certeza de estar entre os justos?
Que me respondam os augustos autores
dessa morte, qual sorte me cabe
sob os céus, se Deus jaz, em meio
ao seu secto, com o intelecto cravado
no peito e um sorriso nos lábios eternos?

Como é possível?

Estava aqui a pensar na autenticidade.
É um tema que me perturba, especialmente
agora que a turba anda a gritar nas ruas:
"Abaixo isto, morra aquilo, fora tudo quanto
não seja verdadeiro". Graças a Deus
tenho quem me oriente nesse emaranhado
e por ser um crente me cabe o direito
de receber ao menos um bocado da clerical
sabedoria. Mas se acaso não me bastar
o que dizem vir do Alto, lanço mão de uma tia
entrada em anos, capaz de citar centenas
de provérbios. Minhas antenas me dizem,
no entanto, que a sabedoria popular
deixa muito a desejar no que se refere
ao autêntico, já que um homem do povo
é idêntico a outro, igualados todos
pela necessidade, que não permite
florescer a identidade,
essa dinamite acesa no íntimo do Ser.
Felizmente ainda me sobra um último
amigo verdadeiro que me arranque os cravos
e me tire do madeiro em que essa dúvida
me crucifica. Há porém um senão a perturbar
meu coração: o tal amigo anda tão ou mais
aflito do que eu para saber se é legítima
sua existência. Reflito, analiso, questiono
e quase perco a paciência ao me ver
tão desprovido de sapiência. Olho-me no espelho
e pergunto: "O que é um homem autêntico??
E para meu espanto o espelho me contesta,
com certo desdém, como se a resposta fosse
evidente e ele estivesse a atirar palavras
a esmo: "O homem autêntico é aquele que
permanece autêntico a si mesmo".
Agora a autenticidade já não me preocupa;
mas há uma nova dúvida que me aflige,
de tão extravagante: como é possível existir,
fora das lendas, um espelho falante?

Novo credo

Hoje acordei um tanto deprimido,
com algo de passado atravessado
no gargalo, um engulho engastado
como pedregulho com asas de corvo,
uma sensação de estorvo. Indizível.
Nenhuma imagem visível, ou razão
de queixa objetiva; apenas
uma presença metida no desvão,
à espreita. O coração, em sobressalto,
descompassado, pediu-me um copo
de leite amornado; e após matar
a metafísica sede, ali fiquei,
a olhar para a parede.
E, de repente, como que projetada
num feixe invisível, acendeu-se
uma frase risível, aureolada por luz
de arrebol: "Sai dessa, cara. Abre uma Skol!"
"Uma cerveja, logo cedo?" – pensei,
enquanto o medo, o tal arremedo de morte
batia forte na cara do meu espanto.
Com o corpo agitado pela tremedeira
abri a geladeira, segurei a garrafa
e lancei a tarrafa ao íntimo do ser,
a ver se pescava a enguia fatal
no mar de lava em que me debatia
em inexplicável agonia. Desceu então
o líquido galante, e, num gélido
rompante, com sua espada de espuma,
afastando fantasmas e teias, cortou
as correias da máquina infernal,
devolvendo-me ao torpor da vida normal.
Espero que a cura da breve demência
não se torne hábito nem crie dependência,
pois se para manter a saúde da alma
entreguei-me outrora aos cuidados da Igreja,
só me faltava agora abraçar novo credo
e me tornar um escravo da cerveja!

Quando já não tivermos olhos

Em algumas décadas, talvez, a Lua será obsoleta;
e os amantes já não saberão apreciar
a mutação das nuvens e o cantar do grilo
em noite de lua cheia.
O amor se derramará no vazio
e não haverá passos delicados sobre a relva,
nem suspiros ao leve toque da brisa.
Quando nos cansarmos da paisagem,
não fecharemos os olhos: desligaremos a TV.
E nossa alma, então, poderá ser enrolada
como um tapete gasto
e atirada ao fundo do armário.
De que nos servirá a alma
quando já não tivermos olhos
para a dança das nuvens e da Lua
numa noite de primavera?

Palavras sábias

Você, que se diz moderno, atual,
hodierno, enquanto o disse
já era, pois há um mal secreto
a corroer o Tempo; e tudo quanto nasce
é na verdade obsoleto, anacrônico,
inclusive o supersônico, o estereofônico,
hoje vanguarda e amanhã agônico.
Você acelera, perscruta o futuro,
joga verde pra colher maduro, mas
acaba sentado no monturo do remoto.
O que fazer? Torne-se um rio,
que se estende como um fio ininterrupto,
seja suave ou abrupto o caminho
a percorrer. Não tem partida
nem chegada, porque inteiro,
do primeiro porejar até o mar,
esse pequenino ponto na trajetória
infinita. Palavras sábias, dirá você.
Meras tolices, gabolices de poeta.
Se eu soubesse fluir seria um rio
e não estaria a lhe dizer o que fazer.

Quando tua alma, cansada, fraqueja

Percorreste boa parte do caminho
e agora, sentado à beira do teu destino,
já não tens força para concluir a jornada.

Desperta o herói que foste em tua infância
e deixa que ele guie teus passos.
No momento em que tua alma, cansada,
fraqueja, só ele te poderá levar para além
dos limites de teu último sonho.

Algo maior do que tu mesmo

Em teu coração aferrolhado
fervem mil desejos;
são eles que te levam
a cada novo dia, sempre adiante,
sempre, embora não saibas para onde
te arrasta o teu destino.
Enlouquecido, corres, avassalado por teus anseios,
sem que a pressão diminua
em teu coração prestes a explodir.
Mas dentro de ti algo te diz
que é preciso serenar o espírito,
antes que o homem-máquina se precipite
no abismo. Só então, quando mais nada desejares,
e teu coração, vazio, for abandonado
ao seu próprio ritmo,
entrarás no Reino dos Céus.
Não pelo que um dia sonhaste possuir
mas por algo maior do que tu mesmo
e que ainda desconheces.

Pra que se preocupar?

Largue o fardo e ouça
o que o bardo lhe diz.
Sua vida por um triz e você
nem sequer se vê, quanto mais
o que adiante e atrás rola,
qual vaga ou mola, e morre
a cada instante. Abra os párpados
e veja através do fosco o tosco
do diamante, que antes de lapidado
já é brilho para o tato.
Olhe a vida e se embasbaque;
mas não fale do que, sentido,
só se exprime no regalo,
no espasmo do gargalo, neste agora
que é o sempre no lugar inexistente
desdobrado em Universo,
feito fogo de artifício, e tem
uma luz, um brilho dentifrício
de sorriso de cinema.
Sinta nas veias o veio,
deixe fluir o poema que em você
escreve a vida, em canto
ou choro convulsivo.
Busque além da aparência,
do seguro-abstinência, ilusionismo.
Se não houver o que ver,
feche os olhos e relaxe
pois é dentro de você que está
o panorama, riso de Rama,
filme ao revés, no qual
o Bem e o Mal não fazem mal
a mais ninguém. Deixe correr
e quando menos esperar
já será hora de morrer.
Então, pra que se preocupar?

Quem além de ti?

Cerras os olhos e no reverso das pálpebras
tentas decifrar teu amanhã.

Todas as muralhas ruíram
e os homens se abandonam ao desalento,
alheios a si mesmos, indiferentes ao porvir.
Todos os heróis estão mortos e nem mesmo
as crianças creem no seu regresso.

Teu corpo se agita, em sobressalto,
enquanto o teu espírito vagueia pelo mundo
irreconhecível e deserto, como se tu, esquecido
de morrer, fosses o seu derradeiro habitante.

Toma pois a coroa
e senta-te no trono vazio. Quem, além de ti,
se poderia intitular rei deste mundo?

Esse tigre de múltiplas faces

Quando construíste as paredes
que hoje te aprisionam, sonhavas
ordenar tua vida, canalizá-la
em direção ao mais belo destino.
E assim, estagnados, teus dias
apodreceram e tuas ilusões
se precipitaram no lodo
de teus nobres princípios.
Mas não te desesperes. Desata
a magia e ela voará para além
de todas as leis conhecidas,
até o reino da Natureza Insondável.
Ela te libertará e te devolverá
a ti mesmo no dorso do Imprevisível,
esse tigre de múltiplas faces,
devorador de melancolias.

Sem o saber, já somos

Nas grandes cidades,
entre monturos de lixo
e buzinas desvairadas,
qualquer coisa se move
– uma força criada pelo homem
nos subterrâneos da alma,
algo fortuito e pegajoso,
capaz de nos atar à roda da loucura
e nos expandir como seres
à altura de uma nova descoberta,
uma nova compreensão –.
Nesse universo sem estrelas,
que baniu a Luz,
descemos ao Inferno
e ali purgamos
para um dia merecer o anjo
que, sem o saber, já somos.

Pergunta ao rato

Tu, que tens opiniões, tens
igual número de cordas
atando-te as mãos.

Tua sabedoria adquirida
nas lides da vida cotidiana
te serve de ponte
para a mundana convivência;
mas por trás dessa aparência
de conhecimento há pouco vento
e soprar em velas vazias.

Julgas que o saber te basta
para iluminar teu destino,
quando, na verdade, és um menino,
a brincar com teus cubos de madeira.

A sabedoria nasce com o ato
e é, de fato, uma cabeça vazia,
que voa com a luz e tem
a eficiência de uma demência
ao revés, de uma inocência maliciosa,
que tudo conhece sem saber por quê.
O mais é o que sobra do pavio
e que aos olhos de quem pensa saber
é luminária, erudição e coisa vária
que a vã filosofia se deleita
em verter no chafariz.
Não há meio termo: ou te iluminas
em repouso, nos braços da estupidez,
ou és um burro sábio e deixas,
por um triz, escapar a verdadeira
lucidez. Se duvidas, pergunta
ao rato no ato de roer, que é,
de fato, quem detém todo o saber.

Não te esqueças do mundo

Ainda que o divino te chame pelo nome
e te ofereça a sua intimidade,
não te esqueças do mundo.
Porque é aqui, entre dores e esperanças,
que teus irmãos caminham,
atados aos esquecimento.
E se tu, que recebeste a bênção da recordação,
não te importares mais com eles,
quem os receberá na região dos sonhos,
para lhes traduzir o sentido das visões
que os tornam tão próximos dos deuses?

Como quem não quer nada

Veja como se faz,
meu bom rapaz.
Chega-se discretamente à cena;
respira-se com brandura,
erguendo-se o olhar à Altura, onde o azul
se faz abismo, evitando-se, no entanto,
a vertigem do idealismo, que tende
a nos arrebatar à "outra realidade".
Descalçam-se os sapatos, e, se houver
um curso d'água, mergulham-se os pés
no frescor, procurando-se ao redor
algo que enterneça.
Aos mais afoitos admite-se tirar a roupa
e nadar sem motivo
mesmo porque não há objetivo.
Fecham-se os olhos, relaxa-se a musculatura,
de maneira que a ternura não encontre
a costumeira resistência. Abre-se mão
da ciência longamente acumulada
e assim, a flutuar no vazio, como quem
não quer nada, deixam-se ir
corpo e espírito, desatados docemente, em direção ao Poente.

Último canto

Apura-te, mulher, e ao Amor entrega
teus olhos de paloma; que já no alto assoma
o focinho da Loba a farejar
o aroma do guisado. E antes que nós,
assim ou assados, ronronemos
na trevosa pança,
abre teu coração aos ventos e deixa
que te levem aos confins de mim,
onde brincam – ao som de uma romança –
os meus sonhos mais singelos de criança.
Não te faças de rogada. O que agora vês
em pouco será nada, apenas
uma grande chama a consumir
a criação de Brahma. Dou-te, pois,
antes que o Sopro se desgarre
e com ele arraste a esperança,
dou-te, sem tardança, esse crepúsculo
que já finda e é o último.
Guarda-o em teu peito
para que o devolvas, intacto,
quando o pano baixar
sobre o derradeiro ato deste humano drama.
Quem sabe assim aplacarás o coração
dos deuses que de nós – distantes – se esqueceram.
E eles, num bocejo, talvez
por um instante se recordem de suas criaturas
e, num lampejo de piedade,
nos lancem das alturas um olhar
que nos acalente e justifique.

Entre sino e sinfonia

Em meio ao pulsar desta cidade
titã, vem-me um tédio de adormecer
cadeiras de estádio. E no afã de entender
o motivo depressivo, este mergulho
no entulho do inconsciente, vejo-me
frente a frente com minha sombra,
sem disfarce, o outro que em mim
observa e sopesa, que me impede
de ter certeza e instila dubiedade
sob a rocha de minha sanidade.
Olha-me a sombra, e, ainda mais
entediada do que eu, suspira
e deixa escapar um sorriso risível,
uma espécie de som indeciso que oscila
entre o cantar de um sino
e uma sinfonia. Amável, toma-me
a mão direita e a beija, enquanto,
com olho úmido de pranto, espreita
pela fresta do meu ser.

Misto de gozo e tormento

Era uma febre que avançava com a treva.
Não havia tremores, apenas uma tristeza
mofina e uma busca do vazio.
Os pés cumpriam seus roteiros
e me levavam a ventres e línguas,
a recantos sem encanto que,
no entanto, me embalavam para longe
do lugar-comum. Amava os desvãos,
as vielas esquecidas pelo Bem,
os néons e sua dança, os dentes
que diziam "meu amor, vamos
fazer um neném". Condenado
por uma instância oculta, girava
sobre mim numa agonia sem fim,
agarrado pela mão de uma estranha
maldição. E seguia, sem saber
por onde nem por que, atraído
pela cor dos sons, ao sabor
de tentações que sequer me causavam
emoção. Farejava o que resvala
e se instala, sutil e incurável
como um câncer. Via brilhos
e delírios, dignidades em risco,
escalões de suplício, esquartejados
silêncios. As sarjetas pululavam
de promessas, misérias tiritavam
ao pé de acesos brasões. A sífilis
era vendida a retalho no balcão,
à luz mortiça de tetas consumidas;
e as vaginas, sob a chuva fina,
coaxavam suas ilusões.
As paredes erguiam-se, lápides
coriscantes. E lá ia eu,
a recolher farrapos de emoções,
atormentados por um quase vulto
em forma de soluço.
No chão, um traço gosmento,
Misto de gozo e tormento.

Sabedoria e santidade

A melhor amiga do homem
é a despreocupação.

Aos que trazem o coração em sobressalto
recomenda-se que ponham mãos ao alto
e deixem para depois o que poderiam
fazer agora, pois a demora, além de ser
uma arte, aprimora a ação
e evita o enfarte. Se vives de olho no horário,
a correr atrás do resultado,
não passas de um otário atarefado,
a quem a ambição e a estafa
louvam a boa sorte, fazendo parecer
uma atitude madura o que te levará
à morte prematura.

Deixa de lado o louvor, a bajulação,
a honraria, que são as iscas usadas
pelo demo em suas pescarias, artimanhas
que inflam teu ego e contra as quais
só tens uma defesa: o desapego.

Abre mão, ó irmão, de teu destino brilhante,
e com gesto decidido vira do avesso
a bolsa dourada do sucesso,
em cujo fundo se escondem serpentes
que te farão ranger os dentes.

Quebra o encanto, a maldição
de teres nascido com talento,
pois este será teu desalento quando
na estrada que leva ao orgasmo
deres com a cara no marasmo.

Deixa nascer em ti o idiota vacilante
que permanece indiferente diante

da vitória e não traz na memória
o registro de eventos marcantes.
Só assim poderás atingir a perfeição,
a estupidez suprema a que manuais
chamam sabedoria, uma sensaboria
vã, irmã da santidade, ambas
geradas no ventre da vaidade.

O casulo vazio

Sentei-me no despenhadeiro e ali fiquei,
deixando vagar a imaginação.
A manhã era tão fria
que a própria Natureza recolhera
sua costumeira alegria. Nenhum pássaro
ou vento, nenhum ramo se punha
em movimento. E assim, aplacados
meus instintos, deixei que indistintos
vultos emergidos da bruma tomassem
minha mão e me conduzissem ao recesso
no qual, solitário, pulsa o coração.

Inclinei-me sobre ele, apurei
os ouvidos, e, dentre o espesso rumor
que a vida faz ecoar nas veias,
chegaram-me alguns aulidos
distantes, quase irreais.
Mas ainda assim, por tê-lo há tanto
tempo aprisionado em mim
pude entender o que dizia.
"Aonde vais?" – perguntou,
num tom angustiado de quem mais quer
indagar do que saber.
"Vou para a morte" – respondi, com ironia.
Calou-se, por um instante, e eu,
assustado, pensei que de fato morria.
"Mas é para a vida que nasceste" – disse ele,
pulsando mais forte. "Não permitas
que a tristeza, o desânimo, a descrença,
te desviem do caminho.
Vive com alegria, assume teu destino
como um guerreiro soberano.
Que a Beleza seja teu guia e a Esperança
a tua Luz, que acendi quando
eras uma criança. Não ouças o que diz
a gente que amaldiçoa a vida.

Sua alma é mesquinha
e dela só nos chegam medos.
Abandona esses frutos azedos e busca
a essência do teu Ser.
A vida não passa de ilusão, sim, mas foi essa
a missão que te deu o Universo.
Quanto a morte, não te preocupes
em buscá-la, pois anda sempre contigo,
desde que te viu nascer. Ela te arrebatará
um dia, mas o que fizeres
pela vida há de permanecer."

Levantei-me então e segui meu caminho,
abençoando esse vulto esguio
que me serve de companhia. E quando
ele ri, com descarnadas gengivas,
eu sei que exerce o seu papel, a fim
de me tornar ainda mais desperto
e espanar de mim os meus pesares.
Pois se eu estou no centro da ampulheta
e a vida é ilusão, antes que o chão se abra
sob mim quero brilhar intensamente
e consumir o último vestígio do meu Ser.

Já que a morte me tem suspenso
sobre o abismo, por um fio, que leve
de mim apenas o casulo vazio.

Nenhuma treva

Para Márcio Mattar

Meu amigo se foi, sem que tivéssemos tempo
de beber uma última cerveja.
Agora não sei para que serve este sol
em dia tão azul, se meu amigo não o vê.
Dorme sob a terra, o meu amigo, e eu presumo
que esteja triste, pois suas mãos rústicas
de artesão gostavam de ferramentas;
e sua língua se alegrava com a água fresca;
e havia em seus olhos um certo brilho,
manso e cheio de sabedoria.
E eu me pergunto se é possível que tudo isso
se tenha perdido, se não haverá algum lugar,
por modesto que seja, onde meu amigo
possa se sentar, ao entardecer, para acompanhar
a trajetória do Sol entre as nuvens.
Eu me pergunto o que é feito daquelas mãos,
daqueles olhos sinceros, daquela boca
de riso amplo. Não estarão, certamente, sob a terra,
onde a escuridão é demasiado pequena para contê-los.
No meu coração é que eles se encontram.
É no meu coração que meu amigo continua
a viver e a trabalhar, a contemplar o pôr do sol
e a beber sua cerveja.
Enquanto eu existir, a treva não descerá sobre ele.
Nenhuma treva, por menor que seja.

Breve estudo sobre a miséria

A miséria do pobre é, sobremodo, um desconhecimento.
Pobre tem que andar olhando o lajeado do mundo,
preocupado com os pés e com o alarido no estômago.
Seu horizonte se acaba na sarjeta; e quando ele
ensaia um voo, está mais para um estrebuchar ao vento,
um debater-se contra o sufoco. Porque a miséria o ancora,
renitente, e não assina tratados nem acordos.
Começa pela barriga e se irradia
em direção aos olhos. Provoca uma interdição
no olhar, um embaçamento da retina; e derrama
uma areia invisível, que impede a solidariedade
e avança em forma de deserto, isolando a vítima
numa campânula de silêncio, urna mortuária
com direito a demorada agonia.

A miséria do rico não transparece; é um vulto
que se esgueira, um relâmpago na alma,
a fazer do usuário uma pedra falante,
um adiamento da posteridade. Abre um oco
e deixa um saldo de aparência, fotográfico:
o rico sorri mas já não está sob o sorriso,
ainda que sobre ele se assente uma pirâmide.
Suas palavras têm morte nas raízes, despetalam-se
ao primeiro toque e não oferecem garantia.
No plano metafísico, manifesta-se uma ferrugem
que rói as camadas do reverso e transmite
ao olhar um falso brilho.

Confrontadas, as misérias do pobre e do rico
jamais se misturam, seguem em direções opostas.
Mas no momento em que se cruzam parecem
pertencer a uma única pessoa. Lastimável.

Rumo à epifania

Onde o interlocutor a quem dizer
da pequena dor que há muito
se instalou? Nada de grave, apenas
um movimento de nave fantasma
em noite fumarenta, doce tormenta
a deslizar suave e silenciosamente
pelos meandros da mente.
Nenhum tremor, nenhuma vaga
ou vento nessa mesmice
que me vai no pensamento.
Lá fora, o riso demente
a levar de roldão toda a gente, à matroca,
um rugir de pororoca às portas
do vazio; um refulgir que agrava
a agonia dessa calmaria.
E, de repente, no horizonte, o anseio
de cavalgar o bisonte rumo à epifania.

As últimas cores do dia

De que te serve a lucidez
Se estás sozinho quando vês?
Lá vamos nós para o buraco
e nem sequer temos pudor
de regressar ao macaco.
De que te vale gritar
teu desconforto a quem de ti
se ri e é morto já, zumbi?
Morde o horror nossa lida
sem que ninguém se dê conta;
e o que sai pela ferida
não é sangue, não é vida,
o que se esvai é a alma
amortalhada na calma
de uma estranha anestesia.
Perdeu-se toda Poesia
e o que agora nos resta
enquanto a cortina se fecha
é espiar pela fresta
as últimas cores do dia.

POEMAS DE CIRCUNSTÂNCIA

Taibale

Minha mulher, Antonieta, recebeu
ao nascer um outro nome
que depois foi deixado de lado:
Taibale, pequena pomba.

Voou nos céus do Oriente
e um dia veio pousar
no meu ombro.

A ela dedico esta obra singela,
com muita pena por não ter
o talento de um Dante, para
fazer dela minha Beatriz.

LIVRO I

"O mundo é tão grande, tão rico,
e a vida oferece um espetáculo
tão diverso que os temas de poesia
jamais faltarão. Mas é necessário
que sejam sempre poemas de circunstância,
ou, em outras palavras,
é preciso que a realidade
forneça a ocasião e a matéria.
Um caso singular se torna geral
e poético pelo fato, precisamente,
de ser tratado por um poeta.
Meus poemas são todos poemas
de circunstância, inspiram-se
na realidade, é sobre ela que
eles se fundem e repousam."

GOETHE

Primavera

O inverno chega.
As folhas tombam
e os poemas
são levados
pelo vento.

É você quem,
ao abrir o livro,
traz de volta
a Primavera.

Palavras simples

Ouça o que a grama
tem a lhe dizer.
São palavras simples
mas nada as supera
em sinceridade.

Orvalho

Se você for ao jardim
pela manhã, bem cedo,
talvez encontre
um caracol
ou um besouro
a sorver
gotas de orvalho.

Deve haver aí
algum segredo.
O orvalho
era muito apreciado
pelos alquimistas.

Identificação

Gosto de ver os bambus oscilando ao vento.

Minha identificação com eles é tanta
que lhes ouço a música
antes mesmo de o artesão
os converter em flautas.

Alimento

Filha e neto
me esperam
para o jantar.

A boca mastiga
e saboreia;
mas o coração é quem de fato
se alimenta.

Inverno

Acendo a cigarrilha
e dialogo
com as espirais do fumo.

A pequena brasa
aquece-me o coração;
e o aroma do fumo
reconforta minha mente.

Apesar da bruma
o monge que há em mim
vê tudo nítido.

Silêncio

Na vizinhança
ladra um cão.

A voz potente
parece interditar
o rumo dos passantes.

À noite, sozinho,
farto de ser
um cão de guarda,
olha para a Lua
e se compraz
com o silêncio.

Rosa de papel

Um jovem sem recursos
pede-me dinheiro
e me oferece
uma rosa de papel.

É o meu trabalho
– diz ele.
E se vai a sorrir,
não tanto pelo dinheiro
mas pelos elogios
que lhe fiz.

Peteleco

Vejo uma formiga
em meu travesseiro.
Dou-lhe um peteleco
E ela voa para longe.

De volta ao formigueiro
reúne as amigas
e lhes comunica
que decidiu
se tornar astronauta.

Incompatibilidade

Taturana adora maracujá.
Eu detesto.
Nossos gênios são incompatíveis.

Primeiro amor

Aos oito anos
eu quase morri
de amor.

A menina era loira,
de olhos azuis,
uma negação
da paixão tropical.

Naquele tempo
não havia desejo;
apenas a vontade
de segurar
aquela mãozinha
e sentir
que eu não estava
tão só neste mundo.

Desenho infantil

Quando eu era menino
desenhei você
e ganhei nota cem.

Depois cresci
e me esqueci
do nosso amor.

E já nem sei
se foi o tempo
que apagou
o traço indeciso
e o lindo sorriso
do lápis de cor
ou se fui eu
quem se apagou.

Olho gordo

Quando eu era criança
minha mãe me levava
a uma benzedeira.

A mulher bocejava,
bocejava e dizia:
Esse moleque
tá com quebranto,
olho gordo.

Passei a usar capa,
chapéu, a me esgueirar
pelos cantos.

Dizem que o melhor
remédio para olho gordo
é viver
em total apagamento.

Catorze

Meu amigo Lourival,
quando garoto,
foi parar no hospital
depois de se masturbar
catorze vezes.

Ninguém, que eu saiba,
superou tal marca.

Lourival, em sua modéstia,
prefere viver no anonimato.

Banzo

A mãe de um amigo
tinha pernas
de bailarina.

Eu vivia num banzo,
obcecado pela ideia
do Paraíso, ao norte
daquelas pernas.

Envergonhado, concluí:
não devemos
nos tornar amigos de um sujeito
cuja mãe
tem pernas de bailarina.

Amizade

Ninguém abandona um carro.
Nos aborrecemos ao perder
um livro, um guarda-chuva.
Ficamos desolados com a morte
de nosso cão.

Contudo somos capazes
de deixar uma amizade
sincera, preciosa,
escorrer pelo ralo.

Ofensa grave

A mãe de um amigo meu
era puta.
Quando alguém o chamava
de filho da puta
ele não se aborrecia.

Um dia a mãe se casou,
virou dona de casa e lhe deu
três irmãos.

A partir de então
filho da puta
passou a ser ofensa grave.

Ingenuidade

Quando adolescente, apaixonei-me
por uma garota que estudava
num colégio de freiras.

Um dia, convidou-me
para seu aniversário.

Surpreendi-me ao ver a mansão
em meio a casas de imigrantes.
Meu presente, colocado junto
aos outros, sentiu-se envergonhado.

Ela sorria para mim, de longe,
um sorriso entre maroto
e enigmático.

De repente, o pai pediu silêncio
e com voz comovida anunciou
o noivado da filha.

Inocência

Vejo em minha bola
de cristal.
Um garoto será acusado
de ter ajudado um cego
a atravessar a rua,
dado esmola a uma pobre
velhinha, carregado
no colo um cão atropelado.
Ao ser castigado ele gritará:
Eu não fiz nada, pai!
Juro que sou mau,
cínico, perverso, canalha!

Perguntas

Perguntas que ficam sem
resposta são como fechaduras
cujas chaves se perderam.

Atiradas a um canto da mente
acabam esquecidas; mas sempre
que as tocamos irradiam
um mistério e uma inquietação
por algo que não logramos abrir.

Ladrões

A lua cheia é inimiga
dos ladrões.
Somente os mais afoitos roubam
em pleno luar, pois a luz
pálida e difusa
atrai os vampiros.

E todos sabem que vampiro
não precisa de ferramentas
para roubar a alma humana.

Ouro

Comovente é ver
o ocaso sobre o mar
e aquele reflexo
dourado que se estende
até o horizonte.

Ouro em abundância,
fora do alcance
de ladrões e avarentos.

Gim

Já fui um grande bebedor
de gim e posso lhe assegurar
que essa é uma bebida
muito ignorante.

Esmeraldas

Quem se deixa impressionar
por um colar de esmeraldas
nunca viu uma nuvem
de vagalumes a luzir
numa noite fechada.

Sonhos

Construí uma casa rústica
no campo, à sombra de um bosque,
diante de um lago.

Respirávamos ar puro, nadávamos,
recebíamos os amigos.

Surgiram assaltantes e acabamos
por abandonar a casa.

Mais do que dinheiro, os invejosos
queriam nos roubar os sonhos.

Imaginário

Sonhei viver, quando moço,
à beira de uma represa.
Compraria um veleiro e sairia
mansamente à procura
da felicidade que dizem existir
em lugares belos e tranquilos.

Levei algum tempo a descobrir
que represa, veleiro, felicidade
e outros objetos do desejo,
conquistados ou não,
fazem parte do imaginário
que nos aquece o coração.

Oriente

Mudei de endereço
inúmeras vezes.
Sinto saudade
apenas da casa
que não tive:
uma cabana japonesa
rodeada por um
jardim. No tanque
nadam carpas
coloridas; e uma
garça olha
para o Oriente,
à espera.

Ver – I

Acordo com o canto
de um pássaro.
O dia me parece banal
mas a pequena voz
insiste em me dizer
que o sol é outro
e novas são as ondas,
as nuvens, as flores
do jardim.
E eu me envergonho
por não saber ver
o suficiente.

Ver – II

Há no céu bilhões
de estrelas.
Embora a uma distância
infinita, são diamantes
que podem nos tornar
milionários.

Talento

Um sabiá-galinha vem cantar
junto à minha janela
toda manhã, bem cedo.

Eu não me incomodaria
de acordar com um canto suave,
de canário belga ou sanhaço.

Mas o sabiá-galinha é um tenor
exibicionista e faz questão
de arengar seu estrídulo
a plenos pulmões.

Qualquer dia vou surpreendê-lo
com a nona de Gustav Mahler
e lhe mostrar o que é
o verdadeiro talento.

Meleca

Deixei de publicar um livro
e me tornar famoso
aos trinta anos de idade.

Havia no texto uma meleca
e o editor exigiu
que eu a retirasse.
Não concordei.

Em certas circunstâncias,
meleca é coisa
de muita pertinência.

Ratos

Os ratos
não recebem
dos humanos
qualquer gesto
de solidariedade.
Vivem nos esgotos,
em meio ao lixo;
e só comem queijo
nas ratoeiras
ou nos desenhos
animados.

Inveja

O joio vê o ondular do trigo
e suspira, com a inveja
a latejar no rosto.

Quando logrará desvendar
o segredo daquele ouro
que, nascido nas entranhas
da terra, busca as alturas
com olhos ansiosos?

Roupa

Dentro de ti vai o homem
como espiga,
em múltiplo envoltório.
Mas se o amor o colhe
no calor da alcova,
rolas pelo chão,
em abandono,
como coisa secundária.

Cinzeiro

Vulcão extinto
recebes o teu quinhão
de vício;
e acompanhas
minha trajetória
como um cão
à espera de um osso.

Cadeira

Sozinha ou em rebanho,
junto à mesa posta,
acolhes o cansaço
e a fome do homem;
e com ele te gastas
até o último alento
de teu peito de palha.

Bola

Leve se ergue o pé
e sob a planta
a esfera se detém,
para crescer
em voo de perdiz
através da floresta
de troncos sem raiz.
Tem a rota segura
mas não é para o céu
que busca passagem
essa ave de couro
inflada de aragem.

Mesa

Plataforma espacial
do meu poema;
nave ancorada no canal
entre os dois continentes
do dilema vital.

Cama

De plumas, de molas,
com a campina
de capins à mostra,
és a verdade do homem
com sua sina de sono,
com suas tolas palavras
de conquista
ou seu mutismo de ostra,
perante a mulher
e o dia que termina.

Automóvel

A balística devia estudar-te
no modo como te lanças
penetrando a polpa do espaço.
A planície não sabe
do teu rumo;
nem tu mesmo sabes
porque rasgas a noite
com teus punhais de luz
e teus cavalos.

Casa

Propriedade privada,
pré-fabricado sonho
de parede-meia,
numa vila de sonhos
geminados.
Propriedade. Privada
do espaço e duração.

Tapete

Quem o vê
atirado ao chão
da sala de visitas
não pode supor
as coisas infinitas
de que é capaz.

Cachimbo

Para os pés e as mãos,
a lareira.
No fogão, a chaleira
que nos aqueça o ventre.
A manta nos ombros,
pendente da cadeira.
E seguro
entre a mente
e os dentes,
um cachimbo inglês.

Abelha

Uma abelha voa
e não me vê.
Eu aqui e ela
na TV.

Verdade

Era uma verdade simples.
Sua única virtude consistia
em estar sendo usada,
pois de que vale
um verdade obsoleta
a dormir, preguiçosa,
no fundo da gaveta?

Destino

Move-se a baleia
nas profundezas do oceano.
Ela não sabe
do martelo e da bigorna
que moldam o arpão.
Mas é nesse exato momento
que uma energia
inexplicável
se aloja em ambos
e os torna destinados
um ao outro.

Fama

O poeta laureado
recebeu uma flor
de sua mulher
e a colocou no vaso.
Olhou-a, sentiu-lhe
o perfume e imaginou
em quanto tempo
estaria murcha
sua fama.

Poesia

Vive o poeta junto ao mar,
numa vila de pescadores,
paraíso sonhado por muitos:
praias desertas, mata, montanhas
e as cores cambiantes do mar.
Tanta beleza, contudo, alimenta-lhe
apenas os olhos, sem chegar
ao coração. Pois não é isso,
por certo, a Poesia, como creem
os ingênuos que se deixam
impressionar pelas aparências,
ainda que deslumbrantes.

Indagações

Meu filho
há muito se foi
por sua própria vontade.
A vida não lhe caiu bem.
Às vezes me pergunto
se não lhe falta algo,
se no inverno
terá fome ou frio.
Há muitas teorias
a respeito
mas nenhuma
que o traga de volta
à mesa do jantar,
para que possamos
comer, beber e conversar
até altas horas,
como se a vida
fosse para sempre.

Fabio

Que asa de anjo mau
roçou tua mente
para te fazer tombar,
tão jovem,
do alto dos teus sonhos?

Naturalidade

As pessoas já não ouvem
com atenção
não saboreiam o que comem
fazem sexo sem amor
riem sem alegria
caminham sem direção
trabalham enfastiadas
falam sem pensar
bebem e fumam
compulsivamente.
E se esforçam ao máximo
para parecer naturais.

Casamento

Um casamento, para durar,
tem que ser, desde o início,
divórcio consensual, separação
de corpos, mentes e almas,
em convivência amorosa e pacífica,
rumo a um destino comum.
Isto de se tornar um só corpo,
uma só alma, pertence
ao ramo da metalurgia;
e ainda assim, nem todos
os metais se prestam à fusão.

Nudez

Antigamente
você vislumbrava
um tornozelo
e tinha logo
uma ereção.
Hoje, ao ver
uma mulher nua,
você pensa
em anúncio
de *lingerie*.

Metamorfose

Perdi meu emprego,
separei-me de minha mulher,
não pude mais pagar o aluguel.

Fui morar na casa de um chinês,
num bairro distante,
no meio do mato.

À noite, os sapos, às centenas,
zombavam do meu fracasso:
Perdeu! Perdeu! Si fudeu!
Si fudeu! Perdeu! Perdeu...

As pessoas do lugar me viam
passar e diziam:
Esse aí é o chinês.

Com o tempo meus passos
ficaram mais leves,
as pálpebras se estreitaram
e eu passava horas contemplando
a chuva e a Lua.

Até que um dia
dei por mim a falar mandarim.

Presença

Não se trata apenas de elegância.
Sirvo-lhe a comida e meu cão
labrador a olha com certo
distanciamento, quase desinteressado.

Permanece em silêncio,
fitando o vazio, até que finalmente
prova um pequeno bocado,
antes de se pôr a comer.

Não se lhe nota qualquer avidez.
Talvez resida aí a intrigante
força de sua presença,
como se vivesse
fora do tempo e do espaço.

Sabedoria

Meu cão labrador
tem o porte nobre
de um sábio.

E o mais incrível
é que jamais assistiu
a uma aula de Filosofia.

Biblioteca

Depois que um metalúrgico
de pouca instrução
foi Presidente da República,
reeleito, só um ingênuo
pode supor que o segredo
do sucesso está nos livros.

Na verdade, qualquer ignorante
sabe que a biblioteca
pertence ao ramo
da decoração de interiores.

Relatividade

Qual o valor do mosquito,
ser irrisório, inexpressivo
habitante da noite, vampiro
covarde e traiçoeiro
a zunir seu hino fúnebre,
monocordicamente,
como qualquer instrumentista
medíocre?

Pergunte a um morcego
e ele responderá
que o insignificante mosquito
é um dos quitutes mais saborosos.

Morte

Um homem faleceu
aos cento e oito anos.

Deve estar acontecendo
algo errado, para que
as pessoas morram
tão cedo.

Loucura

Nervaldo tinha fama de maluco.
E a coisa se agravou
quando ele começou a dizer
que havia conseguido
capturar um raio de sol
e guardá-lo num vidro.
Mas as pessoas viam apenas
o vidro vazio.

A garotada zombava do coitado
e lhe atirava pedras, gritando:
Raio de sol! Raio de sol!

Até que, numa noite fechada,
acabou a luz. E só havia uma casa
iluminada em toda a aldeia.

Linha de montagem

A Revolução Industrial
criou a linha de montagem,
da qual saem seres humanos
embrulhados e empacotados
para consumo.

Aprendizado

Se você observar
um pequeno peixe vermelho
a nadar num aquário,
verá que ele tem muito
a nos ensinar
sobre silêncio, discrição
e elegância.

Futebol

Você pode torcer, gritar, espernear,
arrancar os cabelos.
Mas brigar num campo de futebol
é falta grave, equivalente
a entrar a cavalo numa igreja.
O que está em jogo
vai muito além do aninhar
a bola na rede.
Naquele espaço sagrado,
moderno sucedâneo do Coliseu,
vinte e dois gladiadores se enfrentam
para fazer da partida
uma batalha sem sangue,
cuja finalidade é o puro transcender.

Tsunami

As prostitutas
foram inocentes arautos
do *tsunami* de sacanagem
que acabou
por inundar o mundo.

Sombra

Ao derrubar uma árvore
você lhe destrói a sombra;
algo muito mais sutil
que tronco, ramos, folhas
e frutos.

Por já não ter um elemento
ao qual se apegar,
ela adere ao seu coração
e o torna úmido, frio
sombrio.

Programação

Cada partícula do Universo
obedece a um destino,
a uma programação.

Tanto pode se abrigar
em seu coração
como na bala
destinada a perfurá-lo.

Vazio

Alguns vão ao médico
não porque seu coração
esteja enfermo
mas por sentir um vazio
onde antes havia um coração.

Comadres

Quando comadres se encontram
o céu escurece, troveja, relampeja;
e desaba uma tempestade
de queixumes, pragas, azedumes,
ameaças e maledicências.

Infinito

Se você observar de perto, o Infinito
fica bem ali, na sua frente;
e você o vê com nitidez, como se olhasse
uma nuvem, um gato, uma árvore.

O que lhe dá uma aura de grandioso
distanciamento são dois fatores
de cunho filosófico: a cadeira
do dentista e o trono divino,
em relação aos quais o tempo
se dá ares de eternidade.

Sabedoria taoista

No rio Tietê vivia um peixe
que se alimentava de produtos
químicos, detritos e bosta.
Pesava trinta quilos
e tinha a aparência
de uma garoupa saudável.

Levado para um aquário
com água limpa,
morreu em apenas três dias.

Certos estavam os taoistas:
A cada qual
seu próprio elemento.

Vinho

Numa noite de luar, Zu-Chang,
poeta itinerante, percebeu que havia
algo na face da Lua.

Tinha bebido boa quantidade de vinho
e pensou que, na verdade,
a oscilação da mente o enganava.

Na manhã seguinte escreveu
um poema sobre o poder do vinho
que, ultrapassando o vigésimo copo,
é capaz de fazer a Lua chorar.

Responsabilidade

O que me cansa em viagens
de avião é a responsabilidade
de zelar para que tudo
funcione com perfeição.

Porque se a segurança do voo
depender dos irresponsáveis
que bebem, tomam bolinhas
para dormir e assistem
a todos os filmes, francamente,
é preferível ficar em casa.

Universo

Ao escovar os dentes
Leninha descobriu que tinha
um universo no céu da boca.
Ficou assustada e pensou
que havia enlouquecido.

No dia seguinte foi ao médico.
O doutor lhe examinou a boca
e a garganta, com expressão
preocupada. E concluiu:
A situação é grave
pois há uma conjunção
de planetas muito desfavorável.

Ironia

Minha vizinha tem um cachorro
que se chama Beethoven.

Nunca vi tamanho desrespeito
para com um cão,
uma terrível ironia.

Porque além de não saber
compor sinfonias,
tem o tal Beethoven
uma voz esganiçada,
sem a mínima afinação.

Crimes

Acabo de destruir
um formigueiro.
No recesso
de meu íntimo
sou contra grandes
e pequenos crimes.

Sonhos

Gansos selvagens cruzam o céu
a grasnar, em férias coletivas.

Conversam alegremente sobre o tempo,
os reflexos do sol nas nuvens,
o inverno rigoroso deixado para trás.

Não sabem que o destino
move o dedo no gatilho
e em breve seus sonhos desabarão
numa vertigem de plumas,
rumo a edredons e travesseiros.

Dúvida

Se você não crê
em Deus
não se preocupe.
Ele continuará
a florescer
nos campos
a frutificar
nas árvores
a gorjear nos pássaros.
E se não for Ele?!
Deus queira
que alguém
possa responder
a essa pergunta.

Algum Deus

Aproximo a tesoura
e a flor oscila
na extremidade do galho.

Será o vento
ou um frêmito de susto?

Imagino
que algum deus
jardineiro
talvez faça o mesmo
comigo.

Às vezes,
sem que haja brisa
ou vento,
um súbito frio
me percorre.

Inocência

Antigamente os coroinhas
eram garotos delicados,
com uma boca rosada,
esculpida pelo demônio.

Foram substituídos
por senhores circunspectos,
que embora nada tenham
de angelicais, se desincumbem
de suas tarefas
sem dificuldade.

Perdeu-se, contudo, aquela
inocência a que se referiu
Jesus ao dizer: *Deixai
vir a mim as criancinhas.*

Em algum momento
desvaneceu-se o Reino dos Céus.

Prazer

Deus acabou de criar
o Paraíso e o demo
logo começou a serrar
as vigas que sustentavam
a estrutura.

Ao ligar a TV ele viu
um anúncio de serra
elétrica e pensou,
horrorizado:
Essa moderna tecnologia
poupa tempo
mas rouba todo o prazer
da tarefa.

Deus de supermercado

Não mais o êxtase,
apenas o debulhar
de salmos e devaneios.

Não mais o anseio,
o mergulho no mistério;
somente o marulhar
da água-benta e o cálculo,
salvação-investimento,
com entrada
em "Creio em Deus"
e prestações infindas,
descarnadas ladainhas.

E Deus, sentado em seu trono,
tricoteia.

Cristão novo

A Inquisição lhe chega de repente,
com gritos noturnos às margens do Tejo.

Algo nele, em sobressalto, reconhece
seus ancestrais entregues ao medo.

Queimou-se a fé e sua orfandade vacila.
Há sangue injustiçado a correr pelo Tejo;
e o Cristo que ele aprendeu a amar
desde menino, esgueira-se nas sombras.

Não sabe se o Cristo voltará;
nem está seguro de querer que ele retorne.
Ao menos enquanto perdurar
a visão tristíssima de fogueiras
noturnas às margens do Tejo.

Etiqueta

Lucas Evangelista
gostava
de palitar os dentes.
Jesus o acolheu.

Naquela época havia
um outro conceito
de etiqueta.

Salvação

Dona Candinha me falava
do outro mundo
com a intimidade de um sócio
remido em relação ao seu clube.

Deus, anjos, demônios, destino,
morte, nada era mistério.

Eu a escutava com atenção
porque, depois de salvar
minha alma, ela servia café
moído na hora, acompanhado
de um delicioso bolo de fubá.

Mestre

Um grande amigo estava
muito doente.
Um monge indiano o visitou,
pouco antes de sua morte,
e lhe concedeu o grau de mestre.

Prefiro recordá-lo
como um jovem irreverente,
risonho, amante do sexo
e da cerveja, cujo maior anseio
era encontrar um mestre.

Notícia

Duas crianças,
uma árabe e outra judia,
brincando nos arredores
de Jerusalém, desenterraram
pequena arca de marfim
contendo antigos documentos
em aramaico.

Um deles afirma que Alá
e Jeová são o mesmo Deus;
outro, escrito por Jesus,
de próprio punho,
profetiza que árabes e judeus
viverão como irmãos
no mesmo território.

Teólogos negam
a autenticidade dos documentos.

Sacralidade

Cientistas e políticos
não salvarão a Terra.

Isto só ocorrerá
quando o coração humano
se abrandar e nele renascer
o sentimento de respeito
e sacralidade
em relação à Natureza.

Tecnologia

Durante uma batalha decisiva
um pombo-correio foi incumbido
de levar uma mensagem
a outro batalhão,
atrás das linhas inimigas.

No caminho, encontrou uma pomba,
a mensagem chegou atrasada
e o batalhão que a enviou foi derrotado.

Ao ver os soldados mortos no campo
de batalha, concluiu, filosoficamente:
Mas será que esses incompetentes
não sabiam enviar um e-mail?

Guerra

Os que marcham para a guerra
felizes, como quem vai
a um piquenique, merecem morrer.

Porque os festins de sangue
são apropriados aos abutres;
e um ser humano que se preze
não se dirige pressuroso
a um monturo de carniça.

China – I

A China produz armamentos
em linhas de montagem
como quem fabrica biscoitos;
e tem um exército de milhões
de homens, bem treinados.

O cão do meu vizinho
jamais atacou ninguém;
com um olhar e um rosnado
impõe respeito.

China – II

As primeiras bombas lançadas
pela China sobre o Ocidente
foram camisetas e outros
produtos de baixo preço.

Dominado o mercado, enfraquecida
a indústria, minado o sistema
financeiro ocidentais, estará
montado o circo
em que veremos o domador
brincar com o tigre de papel.

Passeio

Do alto de Montmartre
minha mulher admirava
a beleza de Paris
quando eu lhe disse:
*Você já imaginou
tudo isso em chamas?*

Eu não pretendia estragar
o passeio; estava apenas
me referindo ao Apocalipse.

Black-out

Durante a Segunda Guerra
fizemos exercícios de *black-out*;
mas o Brasil jamais sofreu
bombardeio – dizem os historiadores.

Contudo, algo de que não me lembro
deve ter ocorrido, pois hoje sinto
que, de algum modo sutil,
fomos bombardeados.

Compostura

No primeiro dia de guerra
Sinésio Gomes levou
quarenta e seis tiros.
Um exagero, pois já estava
morto com o primeiro.
Foi condecorado por bravura.

Ao compreender
o que se passara, a alma
de Sinésio telefonou
ao comandante e agradeceu.

Há gente que mesmo
depois de morta
sabe manter a compostura.

Anti-beligerância

A fronteira entre países
beligerantes deveria ser
guarnecida de escolas de samba,
campos de futebol e feiras livres,
com ampla oferta de comes e bebes.

Porque a paz não vinga
no cérebro de generais, de políticos,
ou no papel inerte dos tratados.

Necessita de ar livre
e do contato afetuoso dos povos.

Ponto final

Mergulha a Bomba
em seu voo vertical,
pássaro demente,
anti-pomba, semente
de todo o mal.

Enquanto cai,
cortando o ar,
assovia e dança
como quem vai levar
alegria ao povo do lugar.
Vertigem de aço,
adentra o espaço
gestando na pança
o ponto final.

Razoabilidade

Os melhores generais são os que vão
todas as tardes a um café
com seu inimigo.

Tomam um drinque, jogam
xadrez, admiram as mulheres
e conversam sobre
a estupidez da guerra.

Cada um cede um pouco
em suas opiniões; descobrem pontos
em comum nos povos adversários;
concluem que apesar das diferenças
religiosas, políticas, ideológicas,
os seres humanos têm os mesmos sonhos,
as mesmas necessidades.

À noite voltam para casa,
felizes por terem ganho a guerra
e poupado tantas vidas inocentes

Renovação

A construção civil deve muito
à indústria bélica.
Aviões, tanques, foguetes,
além de gerar novos empregos
promovem a abertura
e a renovação arquitetônica
de grandes espaços.

Neutralidade

Os soldados se preparam
para a guerra.

As bombas despertam
nos silos com o ranger
dos tanques e o roncar
dos aviões.

Na selva, ao redor
da base, os animais
caminham de um lado
para outro, preocupados
com sua neutralidade.

Acordo de paz

Os países A e B
finalmente assinaram
um acordo de paz.

Na semana seguinte
os aviões do país A
despejaram sobre o país B
cinquenta toneladas
de bombons,
em caixinhas douradas,
embrulhadas para presente.

Luz

O juiz, a toga e a alma
são pretos. Essa história
de negro com alma branca
é invenção de cara-pálida
que ainda se surpreende
com a luz irradiada
pela negritude.

Saudade

Vi num documentário.
Um criador de pombos,
na França,
não podia se ausentar
dos pombais.
Sentia saudade.

Na cena seguinte
os pombos, mortos,
eram depenados
em quantidade
industrial.

E o criador sorria,
muito orgulhoso
de seu produto.

Imaginação

Você pode viver numa grande cidade
como se estivesse no campo.
Basta um pouco de imaginação.

Os automóveis mugem, os prédios
são cogumelos; damas-da-noite
florescem nos desvãos das portas;
o ar está impregnado
com o perfume dos escapamentos.

E há sempre um enxame
de parvos a esvoejar
em torno de um hipotético sucesso.

Sutilezas

Estou preocupado com a fome
que atormenta milhões de brasileiros.

Ligo a TV e um *chef* renomado
esclarece que em São Paulo
as pessoas estão comendo
cada vez melhor, têm o paladar
mais apurado e já sabem
distinguir sutilezas que permitem
a uma garrafa de vinho
custar milhares de reais.

Desligo a TV e vou dormir
sossegado.

Plenitude

Casado com uma verdadeira megera,
feia, burra e despótica, Valério Dias,
professor mal remunerado, uma noite
se deitou e não acordou
na manhã seguinte. Mas também
não morreu. Ficou no mundo
dos sonhos, que a medicina
chama de coma.

Naquele reino encantado ele remoçou
vinte anos, casou-se com uma jovem
linda, inteligente, recatada e boa
de cama; teve cinco filhos,
formou-se em arquitetura, economia e direito,
aprendeu a falar trinta idiomas
e ganhou cinco vezes na loteria.

Acordou quarenta anos depois,
o rosto iluminado
por uma expressão de felicidade.

Fluxo

Fui ao circo e vi um sujeito
mover seis bolas ao mesmo
tempo, atirando-as para o ar,
girando-as nas pontas dos dedos,
em cima da cabeça, no nariz,
nos pés, enquanto ele próprio
permanecia estático.

Aquilo me fascinou. Treinei vinte
anos com um mestre e hoje
sou capaz de me mover
com o fluxo da Natureza
enquanto, ao meu redor,
as ilusões permanecem estáticas.

Sobrevivência

Tímidas e frágeis, Sutileza e Gentileza
viviam num castelo de cristal.

Um dia, ao passear no bosque,
foram atacadas e violentadas
pelos irmãos Casca Grossa,
que as deixaram à beira da morte.

Em pânico, fugiram para as montanhas
e nunca mais voltaram.

Até hoje os habitantes do lugar sentem
falta de Sutileza e Gentileza,
sem cujo encanto suas vidas de tornaram
apenas árdua luta pela sobrevivência.

Soberba

Milhões de seres humanos
despencam no abismo.

Somos uma cachoeira de mortos
irremediáveis.

Coroas de reis, fortunas de magnatas,
condecorações de generais,
mitras de papas jazem no lodo.

Ali, todos são rebaixados ao nível
mais raso da humildade.

Mas se subirmos esse caudal
até as origens, veremos brotar
das pedras um manancial de soberba.

Mundos

Quando jovem trabalhei
para um ministro.
No carro oficial – sarcófago negro –
varávamos as ruas da periferia.
Eu olhava pela janela e via
um mundo apequenado, distante.
Foi assim que aprendi
a teoria dos Universos Paralelos.

Enigma

Hemingway foi um grande caçador.
Eliminou elefantes, leões
e outros animais ditos selvagens
que passaram a compor sua imagem
lendária e cinematográfica.

No final, caçou a presa mais furtiva
e enigmática de todas. Disparou
um tiro no céu da própria boca.

Rancor

A ação do homem vem
transformando a Natureza,
domesticando-a de tal sorte
que em breve a teremos
deitada aos nossos pés.

Terremotos e tsunamis
serão apenas extertores,
desesperadas tentativas
de neutralizar o animal
ingrato e rancoroso,
descrito na Bíblia
como rei da Criação.

Mania

Eu derrubo uma árvore
Tu matas um urso
Ele polui um rio.

Até aí são atos isolados
que não causam grandes prejuízos.

Nós incendiamos a floresta
Vós eliminais manadas de elefantes
Eles enxovalham os oceanos.

Conclusão:
A Natureza só é destruída
por essa puta mania
de todos quererem participar.

Alienígenas

A maioria de nós, *civilizados*,
já não habita a Terra.
Vive sobre camadas de concreto
e asfalto, uma espécie de planeta
artificial, superposto, criação
parasitária que se coloca
entre nós e a Natureza
e nos transforma em predadores
alienígenas, à espera da Morte,
essa nave espacial
que nos devolverá ao local de origem.

Aditivos

Caminhei pelo deserto e atravessei
a noite escura da alma.

Cheguei a um oásis, entrei numa
lanchonete e pedi um hambúrguer
e um refrigerante.

É pra já, irmão! – gritou o anjo
que trabalhava na chapa.
– *Vou meter um aditivo,*
o Pó Branco do Satori Imediato,
melhor que mostarda ou catchup.

O anjo tinha vestes sujas
e asas semelhantes às do morcego.

Dispensei o pedido e voltei
à noite escura, à vida a frio,
sem facilidades ou aditivos.

Evolução

Segundo alguns esoteristas
somos originários de Capela,
a principal estrela da constelação
do Cocheiro, nos arredores
da Ursa menor.

Qualquer dia enviaremos
um satélite aos nossos criadores,
com fotos de favelas, guerras,
devastações ambientais, congestionamentos,
violência, prisões, hospitais.

Ficarão surpresos e orgulhosos
com o enorme progresso
dos humanos que no início,
à época da mutação, eram apenas
primatas desprovidos de consciência.

Frutos do mar

Lagostas e camarões
odeiam morrer numa panela
com água fervente.

Ostras preferem,
a ser comidas, dormir
no aconchego de seus leitos
de madrepérola.

Vieiras, tornadas famosas
pelo Caminho de Compostela,
estão melhor no anonimato
que sob os refletores
do seu prato.

Vegetarianismo

Por dias infindos galinhas despencam
no abismo de minha garganta.
Descida aos infernos.

Num canto escuro da consciência
o anjo lamenta sua queda
e aguarda o dia em que o corpo
denso adote o vegetarianismo
e as galinhas possam gozar
uma velhice tranquila.

Tentação

Sua vida foi de santidade,
elevada ao mais alto nível
de perfeição.

Perdeu-se no último suspiro,
ao olhar para uma fatia
de rocambole
que não deixa de ser
uma serpente
enrolada sobre si mesma.

Pato com laranja

O casal pediu
pato com laranja.

O garçom retornou
trazendo um pato
e uma laranja.

Tem gente
que entende tudo
ao pé da letra.

Samurai

Quando minha filha
era criança eu a levava
ao cinema, para assistir
a filmes de samurai.

Sadismo? Não.
Eu apenas a preparava
para a realidade.

Rebeldia

Houve um tempo
em que eu desejei encarnar
um poeta rebelde
e gritar meu protesto
nas ruas.

Leituras públicas
me ensinaram que isto
pode fazer muito mal
à garganta.

Desarranjo

O mundo anda
em tal desarranjo
que logo veremos
cachoeiras caindo
para o alto,
mosquitos do tamanho
de urubus, cães
latindo em latim
e homens honrados
abatidos a tiros.

Hímen

A moça leiloou sua virgindade
e comprou um apartamento.

O vencedor do leilão, satisfeito,
lhe deu um extra para a mobília.

De hímen em hímen ela chegou
ao carro esporte, à casa na praia,
ao diploma universitário
e ao casamento com um jovem
de boa família.

Aborrecimentos

Um policial aplica
choques elétricos
nos testículos
de um preso político.

Exausto, para, acende
um cigarro e pensa:
Que merda! Esqueci
de pagar
a conta da luz.

Às vezes, pequenos
problemas
podem nos causar
grandes aborrecimentos.

Falsos democratas

Jovens lutaram
contra a ditadura.

Hoje seus ossos lamentam
a dissolução da carne.
Sem ela não podem
beber, comer,
olhar o movimento
das ondas.

Enquanto isso
falsos democratas
engordam à sombra
do governo restaurado.

Culpa

Tem que matar traficante!
E a sociedade cheirando.

Você entra num bar,
todo mundo bêbado.
E a culpa é do garçom.

Craque

Vi um homem que assentava
pedra sobre pedra
com grande empenho.

Perguntei-lhe o que fazia
e ele respondeu:
Construo minha prisão
pois a vida em liberdade
é insuportável.

Favela

Fotografada
favela
é coisa
muito decorativa.

Justiça

A pobre mulher
roubou um chocolate
para a filha.

Condenada a dois anos
de prisão
acabou perdendo
um olho
numa briga.

Fez-se justiça.

Aqui talvez caiba
um ponto
de interrogação.

Campo de concentração

Na rua Simão Dias da Fonseca
a gente brincava
de campo de concentração.

Eu sempre fui prisioneiro,
não gostava de bancar
soldado alemão.

Isso marcou meu destino.
Continuo a levar porrada
e me assusto
com a violência do mundo.

Mas não penso em mudar de lado
e bancar soldado alemão.

Lei do cão

O traficante entrega o bagulho
ao menino e ele voa
na encosta do morro.

O céu azul e o vento
pedem pipa, mas agora
prevalece a lei do cão;
e o dia só lhe será devolvido
após a entrega.

Mais tarde ele sobe o morro
com a grana no bolso
e a ideia de comprar
uma quarenta e cinco.

A meio caminho para
e olha a paisagem.
O céu e o vento pedem pipa
mas ele só pensa
na automática, no dinheiro fácil.

E nem se dá conta
de que perdeu o menino.

Tênis

Joana, adolescente e puta,
está grávida de quatro meses.

Sua mãe tricoteia sapatinhos
e se imagina passeando
com o neto.
A filha tem outros planos.
Pede a Maria que lhe dê
um chute na barriga.

Maria é forte,
calça quarenta e quatro,
usa tênis de sola grossa,
com faixas que acendem
no escuro.
Sabe dar chute certeiro,
de fazer inveja
a qualquer parteira.

À noite, Maria e o tênis
esquerdo dormem placidamente;
mas o direito permanece aceso,
pensando num jeito de se perder
pelas ruas do mundo
e abandonar aquela vida.

Miséria

O poder envia
sua esquadrilha
de aviões invisíveis
e silenciosos
que deixam cair
sobre as cidades
bombas sementes
das quais brotam
sub-repticiamente
frondosas manifestações
de miséria.

Possibilidades

Céu límpido, manhã fresca.
O esgoto corre a céu aberto.
Um garoto pisa no lodo
e solta seu barco de papel
nas águas pestilentas.

A brisa não cheira bem
a narizes educados;
mas o garoto fareja
aromas amenos
que lhe chegam do capim;
e descobre matizes
na paisagem poluída.

Enquanto avança
na gosma fétida, ri,
maravilhado
com as infinitas
possibilidades
desse dia que mal começa.

Abundância

Devíamos nos envergonhar
diante do mendigo
que nos estende a mão.

Acaso não tem o mundo
suficiente abundância
para fazer de cada mendigo
um rei?

Uma palavra

Dobrado sobre si mesmo
um homem dormita
na calçada.
Não se lhe vê o rosto,
apenas o gorro e o gesto
com que se abraça.
A mente emperrou
e o mundo é para ele
uma visão distante,
um desmaio.
Na verdade, já não se encontra
sob aquelas roupas
e o que se vê é apenas
um hábito, moldado
por uma sucessão de erros,
impossibilidades, covardias.
E no entanto bastaria
uma palavra
para que ele erguesse o rosto
e nos fitasse, aquecido
por uma ligeira esperança.

Confissão

Confessa, filho da puta!
Choque nele.

Confessa, filho da puta!
Choque nele

Confessa, filho da puta!
Confessou. *Tá vendo?!*
Eu não disse que o filho
da puta era culpado?!

Horizonte

No tempo em que o ladrão
e assassino de hoje
era menino, alguém
lhe furtou a mochila
dos sonhos, na qual
havia um horizonte
de possibilidades.

Águas mansas

Certos políticos de hoje
roubam com a agilidade
de batedores de carteira.

Se tivessem que subtrair
um pão para os filhos
certamente não se atreveriam.

Porque a desenvoltura lhes vem
da largueza de recursos,
da abundância que transborda
dos cofres públicos, um rio
de águas mansas em que podem
nadar em largas braçadas,
numa descontração de moleques
em férias, longe de olhar
recriminatório dos pais.

Corrupção – I

Houve um tempo em que
a corrupção e o interesse
dominaram ambos os mundos.

Caronte, o velho barqueiro
encarregado de transportar
as sombras dos mortos
à outra margem do pantanoso
Aqueronte, o rio subterrâneo
dos Infernos, também sucumbiu.

Dizia: *Por um óbulo eu atravesso*
o rio; por dois
posso deixá-la em Veneza.

Corrupção – II

A corrupção é uma
parasita agarrada
ao tronco da Pátria.

Suga educação,
saúde, segurança,
moradia. Depois,
nos salões da sociedade,
exibe suas cores
exuberantes.

Corrupção – III

Ali vai o corrupto
carregado de boas intenções.
Sacrifica-se para dar
boa vida à família.
Por isso é recebido
com todas as honras
pela melhor sociedade.

Conselho

Se você se decidir
a ser um canalha
faça-o por inteiro.

Não há nada pior
que um pulha
travestido
de homem honrado.

Epidemia

De repente, uma terrível
epidemia eliminou todos
os violentos, demagogos, corruptos,
arrogantes e extremistas.
E a Humanidade passou a viver
uma nova Idade de Ouro.

Heróis

Os heróis retornam da guerra
cobertos de honrarias.
Pouco depois são esquecidos
e se transformam em homens
comuns, atormentados
por lembranças aterradoras.

Um dia a Nação se lembra deles
e os convida para desfilar
numa parada, com o corpo gasto,
envelhecido, o peito condecorado;
e no olhar um misto
de orgulho e tristeza,
por saberem que seu heroísmo
em nada mudou a estupidez humana.

Agora

Antigamente, nas cidades
do interior, a vida era pacata
e o Tempo tartarugava.
Mas o Maligno acelerou
o ritmo e deu cabo da valsa.

Hoje a droga, o roubo, a violência
acicatam velhos costumes.
A população tuge e muge,
quer o retorno do outrora,
saído pela porta dos fundos
e morto num beco pelo agora.

Elasticidade

A ciência ainda não criou
matéria tão elástica
quanto a consciência humana.

Ela acomoda confortavelmente
milhões de crimes e há sempre
espaço para novas calamidades.

Malandragem

O malandro navega
em mares encapelados
com a destreza de um pirata.
Contudo, em meio à calmaria
da vida familiar, cotidiana,
adormece junto ao leme
e sonha estar num navio
fantasma, a vagar sem rumo
na vastidão dos mares glaciais.

Verdade

A Verdade foi morta a tiros
numa viela sombria.

Para conforto da Humanidade
um demiurgo, versado em
contrafações, juntou um punhado
de meias-verdades e criou
um espantalho.

As aves, muito ladinas,
reconhecem o engodo;
mas os homens (que há muito
perderam a naturalidade)
se reúnem ao redor dessa
figura de palha e dela fazem
a avalista de suas certezas.

Crise

A classe média se desespera
com a crise econômica.

Milhões de seres humanos
nascem e morrem sem conhecer
o nível mais elementar
da dignidade humana.

Quando a crise passar
os queixosos seguirão adiante
deixando para trás os derrotados,
cuja voz gritará, em vão,
debaixo da terra.

Irmandade

Amar a terra natal
é natural em todos os povos.

Esquecemos temporariamente
este sentimento durante as viagens
de turismo.

Ao regressar, trazemos fotos
dos lugares em que habitam
outros seres, separados de nós
pelo idioma e por uma
tradição que nos leva
a abrir mão de nossa irmandade.

Pena de morte

O defeito
da pena de morte
é que ela não tem
marcha à ré.

Luto

Hoje estive em uma casa
na qual morreu um filho.

Diante do terraço, a vista
magnífica de um rio,
ladeado por abundante
vegetação.

No fim da tarde, garças
contemplam o sol, corvos
marinhos chapinham
e mergulham à procura
de peixes.

E a mãe, embora desolada,
ainda tem olhos
para tanta beleza.

Vida

Você começa romântico
passa depois a realista
adota o naturalismo
atravessa o simbolismo
e descobre, no fim da vida,
que só lhe resta
o abstracionismo.

A partir de então sua figura
se dilui e você se torna
apenas um agregado de manchas
quase apagadas, indefinidas.

Velhice

A velhice é um ladrão
sorrateiro, contratado
para gerir
nossos negócios.

Quando decidimos
nos aposentar, pensando
ter amealhado o suficiente,
abrimos o cofre e deparamos
com a bancarrota.

Templário

Sou cavaleiro templário
sagrado no Alto.

Não há caminho,
o Templo ruiu.

Cavaleiro apeado, desprovido
de armas e cavalo
atendo a um chamado:
guardo meu coração
para que nele a chama
jamais se apague
e me acompanhe até o Além.
Pois se a perder
já não serei ninguém.

LIVRO II

O código das borboletas

Há entre as borboletas
um código secreto, escrito
nas pétalas das violetas,
que prescreve, em linguajar
direto, direções, altitudes,
velocidades, amplitudes,
limitações e alcance do voo.

Contudo, por serem elas
de natureza livre e apaixonadas
pela sensação de leveza,
voam a esmo, sem razão
ou sentido, como que
tomadas pela vertigem,
despencando das alturas.

O mesmo se dá com a alma
humana, à qual exigem
os teólogos a observância,
a duras penas, de mandamentos
salvantes, dos quais mana
um mofo de ignorância
do que seja a aerodinâmica.

De origem adâmica, produzida
a partir do sopro divino,
não pode a alma habitar
em mofino enquadramento,
pois sua natureza,
semelhante à do vento,
necessita de largueza,
de expansão.

É nessa liberdade que ela
tem sua verdade e os critérios
da própria salvação.

Fera

Havia qualquer coisa animalesca
a forçar passagem em minha garganta,
uma angústia nada livresca,
algo que se agigantava,
rude e brutal, a rosnar em busca
de uma saída, preso às malhas
da mansuetude que abrandava
meu ser e tolhia minha vida.

A princípio julguei que fosse grito,
a se debater, a resfolegar, por se ver
circunscrito, emparedado em mim.
Escancarei a boca e deixei
escapar apenas um gemido, queixume
amargurado que não fazia
o menor sentido.

A fera que ali rugia não era
de carne e osso. Era uma espécie
de alvoroço, ruidosa litania,
vulcão aferrolhado havia muito
nas masmorras do coração,
amargurado anseio de amplidão.

Abandonei então a inércia,
a esfera do pressuposto
e hoje sou por inteiro fera,
maluco de dar gosto.
Mas apenas em fantasia,
figuradamente, pois isto de poetar
é viagem na maionese,
diurese, punhal embainhado
em lantejoulas, ópio a que
se furtaram as papoulas,
delírios verbais de quem
jamais se preocupa
em fazer acontecer.

Em sendo assim, esqueço-me
de mim, recolho a fera
ao seu covil e, adotando servil
indiferença, ato-lhe o laço
em torno do cachaço e a deixo
ali, mansinha, indefesa, a roer
o osso da antiga rebeldia,
como se em palácio estivesse,
junto ao rei, sentada à sua mesa.

Porvir

Lá onde estou – se é que estou – é um vasto
porvir em forma de oceano.

Há no silêncio desse infinito
uma grande calma
de profundeza arenosa,
que a respiração do vento não toca.

E nesse abismo nada meu ser,
perplexo e aflito, qual peixe cego
a farejar reflexos, sombra luminosa,
pressentida apenas, lembrança
de um Deus, talvez, retida na retina,
a esmaecer no ocaso dessa trama
em que espadana o cinza
de minha triste sina.

Grafite

Num muro qualquer da rua, toda nua,
toda minha, sem limite,
ela me espera com seu corpo de grafite
e me fita com seus olhos de *neon*.

Em seus braços eu me abrigo e consigo
esquecer o meu passado;
é a Rainha do Frango Assado
e me fala com voz de *bandoneón*.

Ela me conta seus problemas, os dilemas
de sua condição:
é grafitada, de curta duração,
e tem um medo enorme de morrer.

Como consolo eu lhe digo: *Vem comigo,
deixa essa parede fria
e salta para as ruas com alegria,
expande os limites do teu ser.*

*Vem tu para a parede, tenho sede
do teu amor*, responde ela
quando se apaga a luz de uma janela
e suas linhas somem de repente.

Mas eu a vejo, está ali e me sorri,
com lábios de pedra e cal.
Que me importa se é o Bem
ou se é o Mal? Sei apenas
que a quero e estou contente.

Sobre o leito do muro, no escuro,
nos amamos com ternura
e chegamos aos extremos da ventura,
dizendo coisas que nunca imaginei.

Nasce o dia e a cidade nos invade,
afugenta as ilusões;
mas no muro nossas emoções
ficam gravadas a sangue pelo *spray*.

Mingus

Pedalando uma bolha
Charles Mingus agita
os trinta e oito dedos
e desperta a insônia
no couro cabeludo da poltrona.

A noite é um repolho
cravejado de brumas.
Um raiozinho azul despenca
e se quebra na barba
de Mingus, que revolve
as entranhas
da negra de madeira,
à procura do almirante
naufragado
na espuma da bebedeira.

A bateria ergue a barra da saia
e desce as escadas
com tamancos plaqueplaquentos,
recheados, suculentos,
regados a vinho de Málaga.

A noite escorre nos saxofones,
o suor traz o mar à memória de Mingus;
e os trezentos e oito dedos
despetalam flandres e sacodem
as migalhas da toalha santa.

Mingus desenha um besouro
com a ponta da unha
e embarca no trem das onze
por um túnel de cogumelos.

As coxas adormecem,
ferramentas refazem a libélula;

palmas tossem, assovios
esvoaçam, a torre treme;
e o fogo tece, arremata e consome.

O anjo gordo veste
seu casaco de grama
e, sem sorrir, some.

Transubstanciação de heróis

Os ossos dos heróis
dão excelente adubo
para hortas de pepinos.

Vem de longe tal serventia.
As ossadas dos veteranos
soldados napoleônicos,
tombados nas campanhas
austríacas, fizeram
a fortuna
de empresários ingleses.

O procedimento é simples.
Deixam-se os heróis
nos campos de batalha,
curtindo ao sol e amolecendo
à chuva, até que suas identidades
se tenham abrandado
e sua memória esmaecido.

Recolhem-se as ossadas,
desfazem-se os ossos em poeira fina;
em dia perfeito,
de céu estável e poente de filme,
lançam-se punhados ao solo,
ao som da Marselhesa
ou qualquer equivalente hino.

Semeiam-se os pepinos
e aguarda-se que o tempo
transforme os heróis em seiva.

Os mais jovens resultam
em pepinos doces,
especialmente se amaram a vida
e a celebraram entre risos e cerveja.

Dos idosos, aproveitam-se
as visões, a sabedoria,
os sonhos persistentes.
Dão à horta resistência
às pragas e um sabor acre
às conservas.

Antes de servir, recomenda-se
talhar uma das extremidades
e esfrega-la no próprio corte
da iguaria, para retirar
o amargor às vezes transmitido
aos frutos pela angústia
de heróis involuntários.

Como fazer um deserto

Fazer um deserto não é simples.
É coisa de muita ignorância
e irresponsabilidade, com implicações
na arquitetura florestal e no areísmo
de grandes superfícies.

Porque deserto pequeno não tem
a menor graça, é falto de horizonte,
desprovido daquela largueza que impõe
medo e respeito, a qual, mal comparando,
mais parece um oceano seco,
uma presença estéril e lunática,
plena de remoinhos, sorvedouros
e voragens cinematográficos,
tempestades arenosas e um silêncio
imponente, só comparável
ao mutismo da morte.

Fazer um deserto exige determinação
e sangue frio, um desprovimento de alma
só encontrável nos vampiros.
Porque a ação envolve sempre
uma floresta.

Ninguém é besta de fazer um deserto
num descampado quase desértico
por sua própria natureza.

Tem que ter floresta e das grandes,
com árvores, bichos, insetos, ruídos,
cores, movimento; e uma substrução
quase invisível, universo de pequenos
seres, nos quais a vida pulsa discreta,
aí incluídos vermes, líquens, fungos,
cogumelos, micróbios e outras manifestações
sub-reptícias, mantenedoras da orquestração
florestal exuberante e ostentativa.

Subentende-se, portanto, que desertificação
implica holocausto, genocídio animalesco
e zoológico, inseticida, fungicida,
microbicida e, a longo termo, suicida.

Fazer um deserto envolve considerações
metafísicas, extrapolantes
do fato em si, determinantes de futuras
punições e enquadramentos
segundo ordenamento superior e cármico.

Daí a necessidade de uma justificativa,
um motivo superior que torne
o deserto necessário nos moldes
do determinismo, como, exemplificando,
a produção de alimentos, a qual,
envolvendo a sobrevivência da espécie
humana, ainda que desumanizada,
tem forte apelo populista,
muito embora o povo seja
quem menos come, nos conformes
das estatísticas. E produção de alimentos,
destinada a uma crescente Humanidade,
requer expansão agrícola, um transbordar
de soja, cana de açúcar e outros
comestíveis e bebíveis sobre a floresta,
ou melhor, ex-floresta, primeira
instância do futuro deserto.

Podem-se também promover assentamentos
de desprovidos no interior da mata,
o equivalente a implantar formigueiros
de saúvas em meio a hortaliças.
Não sobra um pau
nem pra palitar os dentes.

Mas o melhor de se ver, espetáculo
pirotécnico, é o desmatamento
radical, por meio da queimada.

Tem bicho saltando, correndo, rastejando,
gritando, gemendo, e o fogaréu
comendo.
Se houver um vento, então, é por demais
impressionante, de fazer sucesso
televisivo e vender um despropósito
de sabonetes, automóveis, roupas,
apartamentos e outros benefícios
da sociedade progressista.

Qualquer que seja o método empregado,
cedo ou tarde o deserto comparece
ao compromisso assumido.

Agora pense bem. O que seria mais
do seu agrado. Ter uma floresta
Amazônica inacessível, repleta
de bichos hostis, com aquele mundaréu
de árvores e mato cerrado, para ser
visto em filme de Indiana Jones,
ou um deserto maneiro, despejado
por milhões de quilômetros quadrados,
um areião estético, embelezado
por dunas infinitas, pra você percorrer
no lombo de um camelo,
com aquela enorme Lua ao fundo?

Novelos

Denise desenrola seus olhos de lã
e tece a manhã.

O caminho para a escola é um bordado.
A casa bate as asas do telhado
e Denise, entre felpudas hortelãs
e pombos descuidados, colhe
um suspiro que pende do muro.

Cães vagantes, em laçadas curtas,
molham de sol a tela da calçada
e ladram laivos às dobras do empedrado.

O motorista acena um adeus de percalina
e Denise se perde nas ruas engomadas,
prédios franzidos, rostos apressados.

Cresce ao longe a trama do dia
e quando a Lua pesponta na colina
sua borla de suaves tons,
Denise deixa cair os seus novelos.
E o caminho para casa é um bordado
que se desfaz em pulsações de cor.

Sono

Dia de cores firmes,
tarde quase finada;
cerra Heitor os olhos da oficina
e monta a bicicleta cansada.

O sol descobre novos tons em seus cabelos
e os pés, em círculos fechados,
tangem o susto de uma rã
para dentro do olhar amargurado.

A capela, a ponte, uma cerca em ruínas,
morangos silvestres à beira da estrada
compõem a natureza morta de seus dias.

Escurece nos beirais.
A lágrima desliza pela face...
Heitor descobre um ninho de coelhos
mortos num canto da alma
e percebe que é momento
de apear e empurrar a vida.

Em casa, reconhece vagamente
o vulto à sua espera.
A fome amadurece em vagos sons
e Heitor resvala para dentro do sono,
embalado pelo ferro de engomar.

Dia de cores firmes,
vida quase finada.
A bicicleta sabe seu caminho
e Heitor descansa os pés junto aos pedais.
No quintal, dedos apressados
erguem a Terra à altura do horizonte
e a estendem, a secar, sobre os varais.

BALADA PARA OS ÚLTIMOS DIAS

Para Antonieta, minha mulher.

I

Nem de fome nem de loucura
morreu Van Gogh:
Mataram-no os corvos
a esvoejar sobre os trigais.
Lançou-lhes o Pintor uma pergunta
E se puseram todos a crocitar:
Nunca mais! Nunca mais!
E em linguagem cifrada,
qual agouro desfraldado sobre
o amarelo da tela derradeira,
ficaram, à sua maneira, a parolar
sobre futuras ocorrências fatais.

O que disseram, hoje vos transmito
sem pretensão de presságio, visão,
profecia ou mito, mas simplesmente
por observação a olho nu, a frio, a cru,
numa singela conversa de poeta
que talvez queirais ignorar,
embora da janela já se possam
divisar os primeiros sinais a confirmar
o que sobre os campos infinitos
gritaram a Van Gogh os corvos aflitos.

II

Deixemos por ora a História humana,
que agora não cabe nem interessa ao tema
deste cinema, cuja película dura já
milhões de anos. Basta-nos o que hoje
nos concerne, não só a nós, seres humanos,
mas a toda fauna e flora; e até mesmo

ao reino mineral, pois vai o mundo
de mal a pior e é de se supor
que graças ao homem, esse animal arisco,
até mesmo as pedras estejam em risco.

Bate-me – só de pensar – acelerado
o coração. E fico a contemplar
as estrelas, indagando-me se ao vê-las
nos veem elas e nos admiram
– não vai aqui a mínima vaidade –
por nossa racionalidade.

Mas voltemos ao que interessa,
que o Planeta tem pressa.

III

Não foi a brincar que Nietzsche
anunciou a morte de Deus.
Se olharmos bem, Deus já não há,
ao menos cá, neste lado da Eternidade.
Não só o matamos nós, a patadas,
como o deixamos a sangrar, à luz
do dia, pasto de moscas e zombaria.

E vago o trono, posto Deus a nu,
sentamos lá o traseiro humano.
Deus morto, Deus posto, como se dizia
no tempo em que abatíamos os deuses
quando nos apetecia. Onde estão Apolo,
Dionísio, Vênus e o próprio Zeus?
A todos, sem pejo ou remorso,
dissemos adeus.

E ao cabo dessa porfia, nos tornamos
– quem diria! – autossuficientes.
À maneira de Ricardo III e outros
dementes, regemos o mundo, fugindo à Tradição,
buscando o diverso, o original,
para afinal assumirmos o próprio Universo.

IV

Não só assassinamos Deus como
de seu Filho Divino fizemos um produto,
vendido a poder de reclame,
retalhado nos balcões feito salame.

Nenhuma ação na Bolsa de Valores
ou em outro qualquer museu
de horrores – e estou seguro
quando vos digo isto – subiu
tanto quanto as da indústria
e do comércio de Cristo. Um ramo
de vertiginoso progresso, de espantoso
incremento, fundado em capital
insignificante: singela *Bíblia*
e o mais vulgar atrevimento.

Antes o sacerdócio era coisa
de muita hierarquia, de latinório;
mas hoje qualquer finório
se autodenomina *bispo* em nome
de Jesus. E apascentam logo tamanho rebanho
os tais bispos que de norte a sul,
de leste a oeste, parecem obter
a confirmação celeste.

A arte cinematográfica tem perdido
muitas salas ungidas em templos.
E de tanto apregoar Jesus
nas praças, nas ruas, na TV,
gritando seu nome em alto e bom som,
bem merecem os farsantes acabar
seus dias com gordas aposentadorias
em Boca Raton.

V

Mas o que estás a dizer! – protesta
uma senhora na primeira fila.
Então não sabes que por obrar em verdade
essa nova religiosidade vem operando
milagres? Bêbados abandonam o vício,
macumbeiros já não vão ao hospício;
e o suplício das drogas tem
no que chamas de impostura
a cura definitiva.

Silencio. Terão meus olhos perdido
o tirocínio ante o manipular exímio
do sagrado, que para agrado
da massa consegue fazer da trapaça
um verdadeiro milagre?

Estarão, ao som de bandas
e harmônios, demônios a exorcizar
demônios? Coisa nunca vista
na Teogonia, jamais sonhada
por minha vã filosofia.
E nem sequer podemos salmodiar
"Deus seja louvado", já que é finado.

VI

Prossigamos. Tendo posto o rabo
no trono divino, a humana criatura,
cuja postura no ramo criativo
é motivo de encômios em setores
destrutivos e outros manicômios,
decidiu escrever para plateia seleta
– ou seja, para si mesma –
um libreto de opereta, com letra pífia
e música *berreta*. Título:
"Deus morreu. Recriemos o mundo!"

E como Satã, o inspirador,
ao instruir o homem procura confundi-lo,
soprou-lhe ao ouvido: *Para construir*
tens antes que destruí-lo. Precisas desmochar
a obra divina, descosê-la, descravejá-la
à tua maneira, para que a inteira Natureza
te seja submissa e repouse ao teu lado
à feição de cão domesticado.

Faço aqui uma pausa e fico
a observar os corvos a pousar
nos fios, pois cá não há trigais.
Crescem em número, à Hitchcock.
Estão nas ruas, na TV, nos jornais,
a corvejar: *Nunca mais! Nunca mais!*
Coisa de dar calafrios. Mas a Humanidade,
presa de banalidade triunfante,
segue adiante, ruminando projetos,
qual gado tangido, cujo passo vindouro
nos conduzirá à vala comum do matadouro.

VII

Pusemo-nos pois a desmontar
o mundo; no início aos poucos,
procurando ocultar nossa maestria,
pois se o fizéssemos à luz
do dia, como nos sussurrava
a serpente, podíamos de repente
cair em ignoto abismo ou desarranjar
o mecanismo do divino moto-contínuo.
Não é o que pretendem os partidários da guerra
nuclear, por não saberem saborear
o desmonte de um projeto que o Divino
Arquiteto levou bilhões de anos
a construir? Fazê-lo ruir, assim,
de chofre, seria abater a ave
no primeiro instante do voo,
ato de principiante. O demolidor confiante
no seu taco vai calmamente metendo cada bola
em seu buraco, antegozando o momento.

Um péssimo exemplo deram os colonizadores
da América do Norte, que descarregaram
a morte em catadupa, trocando
a neroniana lupa do especialista
pelo exibicionismo, verdadeiro cataclismo
que fez do donaire cinismo.

Gamos, alces, antílopes, búfalos
exterminados aos milhões, apodrecendo
ao vento; incendiados campos e arvoredos,
assassinados os índios em sua maioria,
amordaçada cada pradaria para abafar
os soluços da relva
sobre a qual tudo morria.

Silêncio nos céus vazios de ave,
apenas os passos dos vencedores

a ecoar na gigantesca nave
daquela catedral nativa, sob cuja abóbada
já não restava sequer uma alma viva.

Serviço porco, vaidade de realizar tudo
num só dia, quando a verdadeira alegria
de um deus humano, alegria marota,
consiste em fazer de cada gota de sangue
uma epifania. Infelizmente os deuses
se abastardam e as normas estabelecidas
não tardam em virar letra morta.

Graças a semelhantes e desastrosos exemplos,
a banalidade abriu a porta ao Mal,
que hoje tanto pode deslizar
sub-repticiamente, qual emaranhado
de serpentes, como arreganhar os dentes
feito lobo raivoso. E o espantoso
é que apesar de todos os massacres,
extermínios, genocídios e outros desvarios
(dentre os quais as bombas nucleares)
causados pelos apressados e seus avatares
prossegue o mundo em seu caminho
como se o fumo dos incêndios
e das grelhas de tortura fosse apenas
um sonho, uma impostura dos deuses
humanos contra si mesmos.

Há nisso tudo, convenhamos, uma dubiedade.
Embora destrutivo e invejoso das obras
que a Natureza produz à saciedade,
o homem-deus continua esperançoso
de que as consequências de seus atos
sejam anuladas por abstratos poderes
e que ele – ai de mim! – se salve no fim.

VIII

Isto de ouvir a serpente já me parece
patente falta de juízo. Creio que lembrar
não é preciso o quanto já nos deu ela
de prejuízo, como bem o demonstra
o magistral Milton em seu *Paraíso
Perdido*. Graças ao satânico ofídio
se encontra o homem hoje descosido.

Morte não havia, nem doença,
nos tempos de Adão e Eva.
E não se atreva ninguém a dizer
que isto são lendas, tão ilusórias
quanto as calendas gregas.
Lendas são as histórias que nos contam
os enaltecedores do Progresso, ao qual
devemos – além de inegáveis conquistas –
o ingresso na fase terminal
deste quintal do Universo.

Estava pois Adão a gozar
as delícias das primícias paradisíacas,
quando o Tentador soprou aos ouvidos
de Eva as delícias do amor.
Nada platônico, por certo, pois
já viviam eles no platonismo
e até no comunismo verdadeiro,
posto que a superabundância
a todos pertencia. Homens – refiro-me aqui
ao casal – e animais conviviam
em ressonância perfeita e cada qual
sabia da Felicidade a receita.
O lobo saudava o cordeiro quando o via
e o leão para o homem sorria.

O fato é que o Bicho rudo, afeito
à pândega, ao entrudo, soprou
aos ouvidos de Eva, nossa mãe primeva,

aquela sugestão maligna, indigna
de um anjo, ainda que excluído.
O resto é conhecido e já vos disse muito,
pois tudo está na *Bíblia*.

Caídos fomos e cá estamos
neste planeta que adaptamos com nosso
engenho, para torná-lo habitável.

Nos primeiros tempos, quando Deus havia
e ainda estava enfurecido, colhemos
o inevitável resultado de nosso atrevimento:
doença, morte, horror e todo o inimaginável
sofrimento. Aos poucos, entretanto, o amor
de Deus por suas criaturas desceu
das alturas e instilou na mente
humana as primeiras ciências,
de molde a suprir as carências e rudezas
de um planeta substituto, ao qual
nos lançou o astuto artifício do demônio.

E neste ponto brota em minha mente
uma dúvida: terá a semente científica
sido plantada no cérebro humano
por Deus ou pelo demo, esse filisteu
que alheio ao Universo divino
verteu em nossos ouvidos
outra astuta mentira, que, por manhas
e artifícios, nos fez soar como doce
música de violino? Em outras palavras,
vendeu-nos como ciência um verdadeiro
pepino, uma bomba-relógio a pontuar
o nosso necrológio.

IX

Absurdos outros poderíamos citar,
pois o caminhar humano tem sido
um insano borboletear neste jardim
de plantas carnívoras que acabarão
por nos devorar. Incoerências vicejam
no dia a dia, ao sabor de nossa fantasia;
e o que hoje é regra, norma, princípio,
amanhã se desintegra ao soprar
da primeira brisa. E nessa indecisa
jornada, avançamos em direção ao nada.

A cegueira não está propriamente
na ausência do olhar e sim
nesse vagar às escuras,
a tatear esculturas como se vivas fossem.
Silentes pedras que tanto podem
nos indicar as alturas como, com todo
cinismo, nos lançar ao abismo.
E o mais ridículo, quando lhes pedimos
orientação, é que nós próprios as esculpimos,
erigimos e entronizamos – ostentação
de nossos divinais talentos – em momentos
de abismal estupidez.

Às vezes, por um desses fenômenos
transcendentais, uma das tais estátuas
se põe a falar e ao seu redor
surge um templo, uma academia.
E nossa alma vazia diante dela
se prosterna para beijar o chão.
É que nosso coração, vacilante,
anseia por um guru, uma imagem
aureolada de plumas, que tanto pode ser
um anjo quanto um reles urubu.

Outra mania que me foge à compreensão
é terem os homens – e aqui me excluo –
posto Deus ao chão e prosseguido
em sua adoração, talvez por hábito
ou inércia, o que acaba por criar
controvérsia, já que Ele é diverso
para cada religião sobrevivente.
E em seu nome bebem os fiéis
o sangue quente do inimigo, com base no lema
"se não és conosco, não somos contigo".

Deus seja louvado e me mantenha
ao abrigo de tais disparates.

X

Embora me haja proposto ater-me
ao que nos sucedeu a partir do instante
em que o homem, ciumento, rebelde, ignorante,
disse a Deus "estás morto, agora sou eu
o primeiro na hierarquia celeste", vem-me
à lembrança outra lambança com a qual não atinei
quando criança e que hoje, qual punhal no coração,
me faz indagar por que santificamos
a Santa Inquisição.

Nem mesmo o mais reles dos restaurantes,
tanto de hoje quanto de antes, se atreveu
a assar com vida, na grelha,
ovelha ou ateu.
Por centenas de anos, em nome de Deus,
eclesiásticos carrascos, tomados
de entusiásticos furores orgásticos,
churrasquearam milhares de heréticos,
transformados em esqueléticos resquícios

humanos pelos insanos mecanismos
da tortura. Nem sequer os mortos
estavam a salvo e muitos foram alvo
de julgamentos além-túmulo. Exumados
e condenados, eram os cadáveres queimados
nos autos de fé. Até hoje a alma
de António José da Silva, dramaturgo
ilustre, cognominado "o judeu",
vítima do expurgo e queimado na fogueira,
aguarda ressarcimento. Faço-o eu, neste
momento e à minha maneira, recomendando
às coortes celestes que o santifiquem
apesar de judeu, tendo como fundamento
o fato de Cristo também ser hebreu.

Mas antes reencarne o Poeta
na condição de proprietário de churrascaria
e os frades de pétreo coração,
que o supliciaram no decorrer da porfia,
retornem em corpo de frango, vaca ou cordeiro,
para serem por inteiro assados vivos
na grelha e servidos, ao molho vinagrete,
como compete à cármica justiça;
ou feitos linguiça, chouriço, dourados
lentamente até perder o viço.

A Torquemada, se tal providência
ainda não tomaram os anjos, desejo
que o lancem, por sua demência,
à voragem do Inferno e ali tenha residência,
na companhia de quantos se atrevam
a fazer da tortura um argumento baculino,
estejam eles em calabouço ou convento,
seja seu ministério laico ou divino.

XI

Não sabemos, ao certo, quando decidiu
o homem transformar a Terra num deserto.
Mas as sementes dos ingentes
esforços para aniquilá-la, que hoje
se tornam tão patentes, foram lançadas
à mente humana pela serpente ainda
no Paraíso. A expulsão, a malfadada
Queda que nos lançou como cadente
seta às plagas deste planeta,
já nos encontrou modificados; prediletos
filhos abastardados pela autoexclusão
da Luz, que não só iluminava
nossas almas, inocentes e calmas,
como as mantinha aquém da linha
divisória entre o ser e o não ser.

Hoje não somos, apenas parecemos;
e não é outra a razão de tanta
falação dos que nos querem salvar
e devolver à condição original.

Foi com o pano de tal falha
que se teceu a mortalha não só
da humana criatura – viva ainda
mas já na sepultura – como também
do Planeta, não por *vendetta* divina
mas em consequência natural
da opção fatal.
Pode-se afirmar que o verme do pecado
se introduziu na maçã e com esta
na alma, tornada malsã.

Mas o que dizes?! – geme a senhora
na primeira fila. – *Estás a negar
o Cristo, que ao remir o homem
redimiu a Terra?* Teria isto de fato

ocorrido, respondo, se o homem,
ao receber o Ungido, o houvesse
ipso facto vivido. Usou-O, contudo,
como muleta. E não me consta
que a Redenção seja um ato
automático de um Deus burocrático,
uma diplomação da qual,
com o canudo na mão, saiamos
feitos cristãos, não importando o que façamos
após o dia em que deixemos a sacristia.

Estivéssemos deveras redimidos, o Planeta
não seria esse pandemônio, a agonizar
no leito da enfermaria, à espera
do balão de ozônio. Houve sim,
nesse impasse dialético, uma alteração
(pode-se dizer) genético-espiritual,
em decorrência da qual a Morte
se introduziu no ser e com ela,
de roldão, a ideia da destruição.

XII

Enfermo o homem, adoeceu a Terra.
E erra quem nega tal evidência
procurando ignorar a demência humana,
atribuindo ao acaso a erosão do Planeta
ou a uma sequência de acidentes naturais.

Há também os que eximem o Progresso
de qualquer responsabilidade, movidos
pela vaidade de viver na época moderna,
justificando a baderna planetária
como uma fase necessária, um desequilíbrio
momentâneo a ser corrigido pela ciência.

Mas o que dizer do alerta dos próprios cientistas
de que não se trata de simples transtorno, tendo
já o Planeta ultrapassado o ponto de retorno?

Antes mesmo que houvesse a evidência
não lançaram os corvos a advertência que levou
Van Gogh a abandonar toda ilusão e a disparar
no próprio coração? Em sua mente
exausta ecoava o esbravejar das aves,
a soar – ao fim de sua infausta vida –
como um réquiem, um sino a badalar
palavras brutais: *Nunca mais! Nunca mais!*

Observai bem a lindeira tela do Artista
e sentireis o soprar da angústia,
que à primeira vista nos parece emanar
dos trigais. Mas há, por certo, muito mais
do que tragédia pessoal, conflito humano
nesse baixar de pano sobre a existência
de um gênio. E esse algo não é demência
– conclusão superficial –, mas uma
transcendência, captada na tela
como se da janela de seu coração
vislumbrasse Van Gogh a cena final,
amarga irrisão, e lançasse com seus pincéis,
num jato, um grito de desespero
– uma bofetada *zen* – ao rosto da Humanidade,
na esperança de que despertasse.
Mas, na verdade, à beira do desenlace
segue ela no mesmo impasse,
a dormir e a sonhar, cheia de planos,
embriagada de esperança qual ingênua criança.

XIII

Durante milênios viveu o homem atado
à Natureza. Mas isto não se deu, com certeza,
por opção. Escorraçados do Paraíso, viram
nossos pais que era preciso lutar
contra o meio hostil, já que a primaveril
convivência com o Jardim do Éden
chegara brutalmente ao fim.

Como todo pai severo, Deus naturalmente
não aceitou aquele *quero* do humano casal
ao qual dera livre-arbítrio, porque no caso
o querer implicava desobedecer, ou seja,
o afastamento de um estado de graça
baseado no que fora acordado.

Imaginai um pai rigoroso, que embora
generoso diz ao filho: "Aí tens o mundo
com tudo quanto nele há, do céu
ao fundo dos oceanos, por infinitos
anos: e uma liberdade quase absoluta.
Com uma só proibição: não deites
a mão àquela caixeta úmida, viscosa,
obscura, oculta entre as coxas de Eva.
Pois aquilo é pior que vespeiro,
caixa de Pandora, perdição de quem
a explora, abominação, porta aberta
ao Pecado Original, raiz de todo o Mal
que vos afastará de mim".

"Em sendo assim, retirai, vos rogo,
essa caixeta do Paraíso Terrenal" –
suplicou Adão, que já sentia abaixo
do baixo-ventre o aguilhão sensual.

"Não sei de que se trata – atalhou Eva,
solidária, – mas se a tal caixeta

acarreta perigo que nos remeta para longe
de Vossa Senhoria (note-se aqui
uma ponta de ironia, pois certamente
já estava latente no coração de nossa
mãe o comércio com a serpente),
tem Adão razão e faço minhas
as palavras que promanam de seus lábios.
Não há senso em se correr o risco
de perder por um cisco nossa alma,
por uma ninharia que vos peço
retireis de entre minhas inocentes coxas".

"Palavras infantis e ingratas – responde
o Criador, já irritado, antevendo o pecado. –
Entrego-vos de mão beijada toda Criação,
sem outra condição além de persistirdes
no caminho do bem, evitando a tentação
da curiosidade, uma forma de testar
o vosso amor, a vossa lealdade.
Pensei, com franqueza – pondo de parte
minha onisciência – que haveria
de vosso lado imediata anuência".

Se me permitis a impertinência, agora
sou eu, poeta, quem vos indaga:
Não estaria na tal caixeta aziaga,
além do Original Pecado, a futura ciência?
Pois antes de abrir a caixa de Pandora,
como o fez então e o faz agora,
repousava o homem em estado de graça,
de absoluta pureza, equivalente, com certeza
à condição dos animais irracionais.

Mas, analisada bem a cousa, vivia
na bobeira de quem não ousa agir
por sua própria iniciativa, seguindo
sempre em comitiva, em séquito
– papel secundário –. Essa a razão
de ter o grito libertário sugerido

pela serpente abalado a mente do casal
primevo sobre o qual agora vos escrevo.

Afastando-se Deus para seus afazeres
e tendo a serpente insistido
nos prazeres advindos da rebeldia,
cresceu em Adão a ousadia. Ajoelhou-se
diante da caixeta, entreabriu-a
e dali saltaram, aos trambolhões,
os bilhões de humanos que hoje povoam
o Planeta. Não de imediato mas em vulto
ralentado, pois vos falo, é claro,
em sentido figurado.

Ao entreabrir Adão de Eva a caixinha
libertou não só os sentidos como também
a razão. Viram-se então, naquele momento,
em plena posse do conhecimento.

E damos por encerrado o diálogo
entre Deus e nossos ancestrais a propósito
da tal caixeta, pois exegeta não sou e sim poeta.

XIV

Dizia-vos há pouco nesta litania,
tentando levar adiante o escabroso assunto
de um mundo prestes a virar defunto, sem
perder de vista a Poesia, como convém
a qualquer artista consciente, dizia-vos
que o casal acima mencionado fora obrigado,
para sobreviver à hostilidade circundante,
a criar mecanismos de defesa,
que em seu já empedernido coração
resultavam em destruição ambiental

e morte de todo animal
que lhes chegasse à mão.

E à medida que saltavam da caixeta
de Eva e de outras similares (há aqui
algo obscuro, pois é seguro que a *Bíblia*
menciona apenas Caim e Abel,
dois exemplares masculinos; e como
em Portugal reza o provérbio
"duro com duro não faz bom muro",
pergunto-vos de onde advieram as demais
caixetas para dar seguimento ao intento
da multiplicação) os milhares
de seres que se iam esparramando
pelos matos – prevalecendo Eros sobre
Tânatos – destruíam, para sobreviver,
tudo quanto lhes pudesse convir.

Nessa labuta, muitos de nós, que viviam
no risco, ao tempo dos avós de nossos avós,
serviram de petisco a selvagens animais,
sem contar os que findaram no ventre
de eventuais canibais. E quanto mais
os ameaçava o ambiente, mais rapidamente
redobravam eles da ciência a competência,
aprimorando a arte de matar e destruir.
E como da violência não tivessem a receita,
para dosá-la segundo a conveniência do momento,
ultrapassaram os limites do próprio
estamento, praticando à saciedade
o que a racionalidade nascente
não conseguia impedir.

Inventou o homem então o primeiro tacape,
e olhando orgulhoso a fálica arma
pensou: "Agora não há animal ou inimigo
que me escape". E inimigos de fato havia
muitos, pois a edênica família
já se diluíra e se perdera nas vastidões
em que reinavam leões, tigres, serpentes,

e outras feras repelentes, cujas veras e únicas
intenções consistiam em superar
em manha o ser humano para
transformá-lo em suculentas refeições.

XV

Pudesse o homem libertar-se da Natureza
com certeza o teria feito, pois do jeito
que ia o andor, a morte e a dor eram
o que se lhe antolhava. Na cava em que
se encontrava, abundavam as agruras,
pois das alturas não lhe chegavam
indícios de como evitar aquela
avalancha de suplícios. Embora houvesse nele
já o conhecimento, engatinhava ainda o pensamento.

E diante de tais imensidades
– traduzidas em selva e noite, abismos,
furacões e tempestades, raios, trovões,
cataclismos, terremotos e outros
ignotos furores naturais – ficava
o homem a cismar, absorto, em como
transformar o sofrimento em conforto.

Talvez ao que vos digo não deis
ouvido, já que é de todos conhecido.
Mas cumpre recordar o remoto passado,
por estar hoje o homem afastado de sua
origem, transformado em mecanismo,
em peça de engrenagem, o que também
é já truísmo. Cabe-nos, contudo,
em meio à evidência, encontrar o momento
em que a ciência, ao salvar o homem,
que vagava a esmo, o levou

a perder-se de si mesmo.
Digo *momento* – embora milênios tenham
transcorrido nessa aventura – porque
na verdade tudo foi e é um átimo
diante da Eternidade.

Qual verme implantado em maçã viçosa,
cresceu no homem o conhecimento
que foi tornando a Terra amena:
do cardo fez a flor, dos emaranhados
matagais a verbena. E à sua maneira,
abrindo aqui uma clareira, derrubando
acolá um arvoredo, empurrando a selva,
enfim, para longe de sua convivência,
acabou perdendo no processo a noção
de dependência em relação ao meio
ambiente, a ponto – e isto, embora
demente, é certo – de estarmos à beira
de fazer deste planeta um vasto
e solitário deserto.

XVI

E sendo Deus quem é, digo, quem
foi, eterno e onipotente, onisciente,
onipresente, alheio não esteve ao processo
de adaptação humana às ameaças desse
quebra-cabeças. Não só expulsou Adão
e Eva do Paraíso Terrenal como os colocou,
afinal, após o estigma, no cerne
de um enigma: que realidade era aquela
em que se via o homem a confrontar,
em permanente querela, a Natureza,
enquanto permanecia abraçado a ela?

E Deus, por certo, sorria. Não por maldade,
pois tudo quanto via e de antemão sabia
não o divertia. Era um sorriso de Pai
amoroso, embora extremoso no cumprimento
da sentença – não aleatória, lembremo-nos,
mas decorrente da avença, a vossos olhos
talvez mesquinha, a propósito da tal
caixinha. – Sorria porque os humanos,
com a passagem dos anos, cada vez
melhor se avinham com a hostilidade
de sua vasta herdade e se punham
a mourejar para reordenar o mundo
em seu benefício, a custa de muito sacrifício.

Mas era de fato risível a proeza
da astuta criatura humana, que no
evolver da luta destruía mais e mais
a Natureza, colocada a seu serviço
pelas artes da ciência e da tecnologia.

Os animais, antes levados à morte
por necessidades alimentares, passaram
a ser caçados como esporte
agora que o homem, em seus vagares,
sentado à beira da lareira, escutava
sonoras canções e matutava
meios de matar as horas.

Tornou-se assim o ser humano o maior
inimigo das demais criaturas.
Outrora temeroso e arredio,
deu em buscar emoções, caçar
nas funduras dos oceanos e solitárias
alturas, presente em todos os ermos
nos quais se erguesse um rosnar, um pio,
passando a fio de espada tudo quanto
respirasse. A morte, antes gratuita,
acabou por dar lucro; e foi este o sepulcro

de inúmeras espécies, extintas,
varridas para sempre de nossos horizontes,
removidas da história do Planeta.

XVII

Esta arenga poderíamos alongar por centenas
de páginas, já que as antenas poéticas,
conectadas às musas e outras difusas
entidades astrais, capacidade teriam para
tanto e muito mais, se assim o desejasse
o vate, que tal não quer por se tratar
de arrematado disparate.

Saltemos pois sobre civilizações em ruína,
continentes submersos, nações extintas e outros
diversos temas apropriados à Poesia,
para dar com os costados no mundo
contemporâneo, arremedo, sucedâneo
do Paraíso Terrenal, em cujo centro viceja
a Árvore do Conhecimento do Bem e do Mal.

Aqui vemos o homem, antes ciumento de Deus
e da Natureza, agora pleno de certeza
quanto à sua própria divindade, senhor
do Tempo, da Velocidade, derrogador
de toda ilusão, capaz de destruir
o mundo com um toque de botão.

Os bilhões de seres originários da caixeta
de Eva ocuparam a maior parte
do Planeta. E como esse derrame
humano não para de crescer, é de se temer
que as costuras da Terra estejam logo
a estourar, deixando escapar o tal
soluço do fagote de que nos fala T. S. Eliot.

É um aluvião de gente inteligente,
laboriosa, que feito formigueiro
ergueu do nada o mundo e o colocou,
altaneiro, como centro do universo.
Coisa de tal magnitude que sua
plenitude não cabe em verso.

Cidades imensas, gritos de concreto
que deidades de carne e osso lançam
aos ventos, verdadeiro colosso que faz
de Babel um desenho de criança esboçado
em papel. Até Deus se O não tivéssemos
liquidado, por certo ficaria boquiaberto.

Em poucos séculos, à custa de muita
destruição, transformou o homem
a imensidão do Planeta em propriedade
privada, unindo cidade a cidade
por estradas e caminhos, ao sabor
da imaginação; e onde terra não havia,
o problema resolveria fazendo crescer
os barcos, inventando o avião.

E tão cabal é o fato de – por artes
da comunicação – ter ele a Terra
na palma da mão, que o mundo, antes colossal,
passou a ser conhecido como *aldeia global*.

Se vós duvidais da superioridade
humana, dizei: quantos dias levou
a Divindade para transmitir a Moisés
as Tábuas da Lei? Ao soçobrar no mar,
(após regressar da Guerra de Troia)
agarrado a um rochedo, teria sido morto
por Netuno Ajax se tivesse um fax?
Nas águas do Letes estariam as sombras
a vagar se dado lhes fosse telefonar?

Contudo, é preciso fazer justiça
aos participantes desta liça em busca
de uma saída para a arapuca planetária.
A ideia maluca de que o Progresso
nos possibilitaria o ingresso definitivo
no Plano Divinal é de corte ocidental. Os demais
povos que hoje participam desse adágio
corrosivo são vítimas do contágio que neles
agravou o instinto destrutivo.

XVIII

Inimigo da vida, passou o homem, portanto,
a ser inimigo de si mesmo. E à medida
que ia distribuindo morte e destruição,
definhava em seu coração
aquela força que o impelia a existir.

Pela porta dos fundos acabou a alma
por lhe sair do corpo; e imundos espíritos
dele se apossaram e passaram a geri-lo
– se vos digo isto é porque o vi – a ponto
de torná-lo um ser vazio, zumbi.
Sabe-se lá por que leis da inércia seguiu
adiante, a respirar, a falar, a pensar,
a agir como se vivo fosse.

Ao lhe fugir a alma para as trevosas
regiões cresceram dentro dele
vastíssimas amplidões, um deserto
maior do que o Saara, que ora
o abrasava ora o congelava.
E então criou, com suas forças *divinas*,
uma nova alma (se Deus houvesse ficaria
por inteiro perplexo) extraída
da energia do dinheiro e do sexo.

Estava assim concluída a operação
iniciada por Adão e Eva no Paraíso,
coroada a rebeldia com um ato
consciente, como queria a serpente.

Não nos bastava, para nossa independência,
matar a Divindade, já que nos restava
o sopro vital, aquele que do barro
nos fez humanos, incutindo em nós
algo essencial, transcendente,
que nos distingue do animal.

Estiolamos a Terra, mas era contra nós
próprios que travávamos a guerra
mortal, cumprindo até o fim
os desígnios do Pecado Original.

Novidade alguma vos revelo, pois
há muito ecoaram proféticos
gritos a anunciar que um dia
nos tornaríamos desérticos.

E assim chegamos ao presente século.
Chegamos? De que maneira, se já não somos?
Como classificar tais personagens neuróticos,
robóticos, que mais parecem advindos
dos infindos horizontes do Nada
em naves espaciais? Que nos restou
de humanos, a não ser a forma
que em delírios sexuais procria formas,
nesta sarabanda, neste pandemônio
arquitetado pelas artes do demônio e por
nós levado à perfeição? Embora a senhora
da primeira fila diga que não, procurando
anular no grito o que ora vos transmito,
as evidências aí estão, a confirmar
por modos diversos a verdade
destes simples versos.

Uma vez erigido o Bezerro de Ouro
e esquecidas as Tábuas da Lei,
cresceram em nós as tendências homicidas
que levaram a Terra às portas
da agonia. Dizei, se quiserdes,
que estou louco por fazer do *pouco*
desequilíbrio planetário uma fantasia
extravagante, alucinante delírio.
Problemas sucedem, é certo, mas andamos
perto de superá-los; e não há por que
negar que nos encontramos a beirar
um salto qualitativo. Ouço-vos
e sorrio, pois o desvario consiste
em levar a sério quem resiste
a admitir que já não há como fugir.

XIX

Por viver o homem imerso em sono profundo,
tardou a perceber que o mundo já não lhe
resistia e que, dessangrado,
entrava lentamente em agonia.

Surpreendeu-se, pois, como se a destruição
obra não fosse de sua mão. Derruir quisera
a criação divina, substituindo-a, tijolo
a tijolo, para chegar, ao cabo desse
tolo projeto, ao abjeto resultado
de ver o Planeta inteiramente recriado.
Mas algo lhe escapara no processo
e se deu conta de que o ingresso no âmbito
divino talvez não fosse o seu destino.

Por outro lado, estimulado por evidentes
avanços científicos – cujo ápice, diga-se

de passagem, foi a clonagem de uma
ovelha, na verdade coisa pouca, alimária
xerocada, nem de longe comparável
à criação a partir do nada – via-se tentado
a prosseguir na insana quimera de fazer
da divindade humana uma realidade
cabal, definitiva. Persistência risível,
obra medíocre de quem insiste
no erro, qual inocente novilho,
hipnotizado pelo som do próprio cencerro.

No início, os indícios eram poucos
e quase imperceptíveis. Nem mesmo dos corvos
o anúncio alertou as sentinelas que
das janelas do Progresso observavam o andar
do Plano, cotejado ano a ano com as alterações
climáticas. E não há aqui nenhum desdouro,
como o sabe qualquer louro de pirata
e nem é necessário que nisto se insista: apesar
da bravata humana, têm os corvos melhor vista.

Aos poucos, entretanto, o que antes parecia
remediável desequilíbrio assumia dimensões
alarmantes, tornando inadiável uma nova
atitude que pusesse cabo ao risco de finitude.
Pois uma coisa era derrogar a obra divina
e outra, bem mais grave, erodir a trave
que sustentava o edifício, algo que
na engenharia se diria digno de hospício.

Na verdade se tratava de simples cálculo
matemático, em que a graduação
do desastre oscilava na proporção
das alterações do regime climático.
Ou seja: se erradicar um bosque
ocasionava o recolhimento das águas,
tornando em fráguas escaldantes o que era
antes frescor e amenidade, elidir florestas
fatalmente resultaria em calamidade;

se fumar um cigarro ou pôr a funcionar
um carro provocavam sufoco e pigarro,
poder-se-ia obviamente concluir
que desurdir o equilíbrio ambiental
a golpes constantes de queimadas,
chaminés, escapamentos, foguetes espaciais
e outros inventos a soltar baforadas
de gases, ácidos, enxofre, acabaria
por asfixiar a Terra.

Feiticeiro debutante, não sabia o homem
– ao se postar, altaneiro, no lugar
do Criador – que o ozônio, aquele gás
azul pálido existente ao redor
do Planeta, uma espécie de hormônio
regularizador das condições atmosféricas,
estivesse sujeito à enfermidade,
considerada a enormidade de suas proporções.
Encheu-se de espanto ao constatar, entre diversas
suposições, que o agônico estado se devia
a excessivas concentrações de gás carbônico.

Após muito matutar puderam os cientistas
constatar que além das referidas causas
poluentes outras havia, igualmente
repelentes. E não se pode ignorar aqui
um laivo de ironia divina: um dos principais
emissores do gás famigerado era – ai de mim! –
o pacato gado a ruminar seu capim. Forma-se o fino
elemento no intestino dos animais; e uma vez
ao léu, sobe – como os justos – ao céu,
onde acaba por escortaçar o ozônio.

Em resumo: se quisermos
a Terra salvar, devemos, com urgência,
proibir o gado de peidar.

XX

Ridícula situação essa: milhões de patifes
peidorreiros a ameaçar nossos bifes, causando
mal-estar entre carnívoros e vegetarianos,
um não acabar de queixas e acusações,
já que as vastidões ocupadas pelos
ruminantes poderiam – antes que seja
tarde – abrir lugar às leguminosas,
virtuosas proteínas, alheias a qualquer
vício e de alto poder alimentício.

Revoltam-se os gulosos, amantes da banha.
Querem picanha, maminha, *filet mignon*,
como nos tempos do *Cro-Magnon. Egoístas!*
Criminosos! – ululam os vegetarianos. –
No espaço destinado a alimentar o gado
é possível plantar leguminosas suficientes
para manter as gentes do mundo inteiro!

Inteligente argumento, mas ao escutá-lo
fico preocupado e tento ser (apesar de lunático)
ainda mais didático. Embora o saibais,
eu vos explico: a partir do momento em que
por meio do gás carbônico estupramos a camada
de ozônio, provocamos o progressivo
aquecimento da atmosfera, o chamado *Efeito Estufa*.
A todo aquele, portanto, que bufa ao defender
seu ponto de vista, rogo que não insista,
já que o aquecimento global acabará, afinal,
com o pasto das vacas e com as esplendorosas
leguminosas. *Nem bife nem soja* – ironiza um
patife insensível, como se lhe fosse possível
escapar ao coletivo destino, um fanfarrão
a se nutrir da ilusão – haja paciência! –
de que poderá fugir com a família
pela porta de emergência.

Presta atenção, meu caro amigo: o que se passa
contigo afeta milhões de cretinos
(em cujo rol, por injunção da rima,
incluo os argentinos), a quem não interessa
o que possa acontecer ao Planeta.
Sentam-se diante da TV, a mastigar
banalidades, e bem se vê que nem mesmo
a hecatombe das notícias, das verdades
mais terrificantes, os demove de ignorantes
certezas, da ideia de usufruir perenemente
as delícias do consumo, o suprassumo
da estupidez, como bem o vês.

Não se trata de roleta ou xadrez,
pois sorte ou inteligência são impotentes
contra a demência que se abateu
sobre o Planeta. O buraco lá está, no ozônio,
imenso. O "penso, logo existo" se tornou
fraco argumento, já que hoje, para existir,
além de pensar é preciso lutar
contra bilhões de alienados
cujos únicos cuidados consistem em manter
forrados os intestinos, sem mais interesse
– e espero concordes comigo –
que olhar o florescer do próprio umbigo.

Quanta gente ao sol vemos nas praias,
em pleno meio-dia, para alegria
dos dermatologistas. E se não
os assusta o câncer na própria pele
(riem-se até de quem zele por ela)
imagina o quanto os preocupa
o tal buraco sabe-se lá onde, que se
esconde além dos limites
do mundo (por eles) conhecido!

O excesso de calor – dizem, –
se resolve com ar-condicionado.
E eu fico a imaginar o gado, sentado

cada boi numa poltrona, a assistir ao
Globo Rural, enquanto lá fora
a zona come solta na festa inaugural
de nosso derradeiro espanto.

Assim, eu a todos aconselho – e nisto ponho
todo zelo – retirar da poupança
uma quantia; e compre cada qual
o seu camelo, pois dia a dia, ano
a ano, seja onde for, abaixo ou acima
do Equador, estaremos todos
a viver num deserto africano.

Pois que venha o deserto! – esbraveja a senhora
na primeira fila. – *Beberemos mais cerveja*!
E continuarão todos a mijar, a rir,
a celebrar, sem se importar com o destino
das focas, dos leões marinhos, dos ursos
polares, cujos lares, aquecidos, já começam
a desabar nos mares. *Nos bares*? – indaga
uma surda. Não. Nos mares.

XXI

Desafeiçoam-se as geleiras e, descalvadas,
precipitam-se no mar. Fragmentado, fica
o gelo a flutuar, até ser arrastado pelas
correntes marítimas, nas quais suas
íntimas partes se dissolvem e findam.
Bilhões de toneladas roubadas aos polos,
derriçadas pelo Efeito Estufa. E nessa
lufa-lufa destrutiva, perdem-se os animais
e sua vida primitiva.

Observai os ursos polares a vogar nos mares,
tendo nos olhos a tristeza de divisar
ao longe as geleiras onde corriam
livres, em caçadas e brincadeiras.
E os que escapam ao desastre já não encontram
o que comer. Pois além de subverter
a paisagem, a radical mudança altera
do frio a dosagem, obrigando a fauna
a seguir viagem em busca de um novo lar.

Cenas de causar emoção, máxime
vistas na televisão. Contemplai aquele
urso de alva pelagem, o peito borrado
de vermelho, obrigado que foi, por
falta de opção, a devorar seu irmão.

É como se víssemos no espelho
uma cena de guerra, das muitas
que há hoje na Terra e nos fazem
tremer de horror por um instante,
até sermos, logo adiante, chocados
por outras notícias que constituem
dos sádicos as delícias.

Mas voltemos ao urso, a derivar sobre
um bloco de gelo – cena de causar pesadelo! –
que aos poucos se dissolve. E o corpo,
já nas águas submerso, se debate
e evolve, passando de animal
a algo diverso, um número, um ponto
branco perdido nos confins do universo.

Chora a criança na poltrona, chora a babá;
os pais, a doméstica, o cachorro, todos
choram. Mas embora contristados
querem mais: que venham focas,
leões marinhos, pinguins e aves afins,
perdidos nessa tragédia quase humana,
de fim de semana, logo deletados, da TV,

da memória – eles, as geleiras, os polos
Norte e Sul...

E a morte se evola suavemente por entre
as cobertas e sai pelas janelas,
rumo às estrelas.

XXII

Seja no gelo ou nos confins da África,
a vida passa como se fosse uma película
cinematográfica. Não só a alheia,
mas sobretudo a nossa, pois o homem
e seu instável ego anseiam sempre
por algo impalpável, que a cada momento
se encontra mais adiante, em algum
recanto do pensamento.

A realidade, por sua vez, a que se vê
no espelho ou da janela, está hoje
na novela, esse enredo interminável,
que procura levar aos indiferentes
um grão de emoção que lhes aqueça
o coração e lhes ocupe os dentes.

Daí o esforço dos monges orientais
para interno fazer o de fora,
já que poucos são os que sabem
viver aqui e agora. E mesmo assim
em teoria, pois os iluminados de hoje
em dia parecem sonâmbulos se comparados
aos mestres de outrora. *Espera* – diz
a outra – *que a coisa melhora.*
Vive o homem uma fase
de aperfeiçoamento. Entrados somos

na Nova Era – ah, quem nos dera! –
e em breve sofrerá o coração humano
uma radical transformação.

E assim, de ilusão em ilusão, segue
a criatura humana, a aguardar que algum
banana lhe diga o que fazer. Outra não é
a razão do aluvião salvacionista,
do fervor com que multidões emprestam
seus ouvidos aos que se dizem mais
esclarecidos, detentores da verdade,
estejam no templo ou na universidade.

Enquanto ficamos aqui a palrar
vão os ursos à deriva, sem ninguém
que os queira salvar. Pois a esta altura
ações de tal envergadura dependem
da burocracia, infinda planície
de mesas sobre as quais morrem
todas as certezas, soterradas pela
indiferença dos papéis e há muito
decantadas por nossos menestréis.

Quando o último carimbo for aposto
na ordem que libera as verbas
destinadas a mover a engrenagem,
tanta sacanagem se terá introduzido
no sistema que os únicos a se salvar
serão os ursos de cinema: em documentários
feitos sob medida para mostrar
aos otários não estar a fauna perdida.

Os ursos agradecem e submergem.

XXIII

Tudo isto seria para o homem simples
diversão, não tivesse a consequência
de tal demência extrapolado o âmbito
da televisão. Pois avultam os pesares
ao se ver montar o nível dos mares sobre
lugares outrora enxutos.

Embora sabido que das marés é atributo
conhecido varrer marujos do convés
em noites de lunático transtorno, quando
a calma da normalidade extravasa
em tempestade seu anseio reprimido,
nada parecido se tem visto há longo tempo.

Qual dragão saído das profundezas
um *tsunami* lambe as costas orientais
e encerra os planos de milhares
de humanos que se banham ao sol
de um dia até então perfeito.

Mas antes desse outros sinais já havia
a Terra enviado a seus filhos, tentando
em vão tangê-los, pô-los nos trilhos,
um pouco alterada em seu humor, é certo,
por ter sido maltratada à exaustão.

No primeiro momento julgou-se haver o mundo
desabado, tão alarmado ficou o povaréu.
Preces inúmeras subiram ao céu, pois embora
por nós assassinado é sempre Deus
lembrado em toda funesta ocasião.

Entreabriram-se as cortinas do drama
e pela fresta a plateia vislumbrou um vulto,
o qual sobre ela bafejou brandamente
um ar pestilento, um candente recado

que por um momento soou como ferro
em bigorna, tornado rijo a poder
de firme e constante batimento.

Mas apesar da aragem que soprada
parecia por Hades, poucos foram
os ouvidos que da mensagem
apreenderam o sentido.
Passado o terror, estava logo a tragédia
esquecida, retomando cada qual
sua vida, exceto, é claro, a multidão
que do repelão havia morrido.

Deu-se então conta o homem de que
necessário não era um castigo vindo
de cima, pelas mãos de um Deus punidor.
Bastavam as alterações do clima.

Qual orquestra, que por frouxidão
ou incompetência do maestro perde
o diapasão, desandam as águas
e enveredam por inconvenientes caminhos,
a provocar enchentes, a promover
daninhos eventos, agravados às vezes
por alucinados açoites dos ventos.
Vilas e cidades se veem submersas até
os campanários, onde vigários
de Cristo há muito acabaram
por perder sua razão de ser.
(A Igreja resiste, porfia, mas é
abatida em seu próprio âmago
a golpes de pedofilia.)

E cá estamos, sentados, a ver
milhares de desabrigados implorando
por ajuda, aguardando misericórdia,
com aquele mesmo olhar
que tinha o urso ao naufragar.

A plateia, tocada em suas dores,
envia aos estúdios um Kilimanjaro
de roupas e cobertores, pois cada um
se vê no mesmo perigo de dar com os costados
num abrigo a virar atração
no horário nobre da TV.

XXIV

Vista do alto, a Terra talvez pareça,
a um alienígena interessado em estudar
a vida indígena, uma *polpetta* recém-saída
do forno. Colunas de fumo sobem aos céus,
às centenas, exaladas das amenas planícies
amazônicas, onde milhares de árvores
agônicas são queimadas a cada dia.
E nessa porfia demolidora, multidões
de animais silvestres que voam pelo ar,
caminham ou rastejam no chão,
viram carvão.

Com um par de *buldôzeres* e uma
corrente, o Capital engole, num repente,
enorme quantidade vegetal. E assim
vai a floresta cedendo lugar ao pasto,
num ritmo tão nefasto que me falha
o pensamento para descrever o que
me vem ao coração neste momento.

Alguns, tomados de idiotia, exercem
sua tirania sobre a floresta
retirando apenas as árvores nobres
e ateando fogo ao que resta.

Outros incendeiam a mata
sem motivo, por vaidade, bravata, ou para
exercer a propriedade. E assim, nas mãos
de posseiros, madeireiros, garimpeiros,
aventureiros, vai sendo a Amazônia esbagaçada
pela canalha indiferente que nada sente
e não quer nada além de riqueza, pouco
se lhe dando que a Natureza se despenhe no Vazio.

Que importam aves, rios, pássaros, felinos,
índios ou serpentes a essas gentes que só
diferem dos dementes por um estranho
vício: o de tentar transformar o inteiro
Planeta num hospício?

De que maneira classificá-los,
em meio a esta inglória luta:
considerá-los, além de loucos,
filhos da puta? Na verdade poucos
são, no dicionário, os adjetivos
para qualificá-los. Movidos
pela avidez, vão pelo mundo
pisando fundo e dando vazão
à estupidez. De sangue azul não têm
eles uma só gota, mas à maneira
de Napoleão promovem a própria
coroação. E nos salões onde vicejam
outros idiotas de pequeno cérebro, como
as marmotas, erguem as taças e se intitulam
rei do gado, rei da soja, rei do milho, rei
do álcool, rei do diabo a quatro, porque
de fato é esse o número de patas desses
jumentos, cujos pensamentos, travestidos
de Progresso e semelhantes tretas, estão
voltados, em última instância, para
a qualidade e quantidade de orgasmos
a que terão acesso com tal prosperidade.
Orgasmos advindos de poder, não de tetas,
que a seu ver se tornaram obsoletas.

Trazem-nos divisas, é bem verdade,
fundamentais para a economia,
embora na casa do Povo seja exígua
a comida e maior a miséria a cada dia.
Que o digam os sem-terra (refiro-me
aos de fato e não aos que se apossam
do alheio num ato de pirataria) lançados
às estradas, imensas centopeias desamparadas,
expulsas do sistema pelo falso dilema
da produção, essa via de mão única.

A China quer soja – argumenta aquele
que nos despoja. Pois que se dane
a China e seu mercado agora cogitado
para expandir nossas exportações.
(Não vai aqui qualquer xenofobia
nem análise simplista, embora
de economia não entenda este poeta e seja
algo parecido a um taoísta.)

Grito eu pela floresta, a defender
o quanto resta de verde e vida
e oxigênio e índio e céu e chão.
E o faço grosso modo, de modo grosseiro
é certo, mas em nome dos netos
e bisnetos desses potentados que em sua
progênie não estão interessados.

Deixem em paz a mata virgem,
porque no dia em que, aflito,
constatar o homem que dos bilhões
de árvores não nos resta madeira
para um palito, estarão os reis
de hoje esquecidos e os demais,
com ou sem coroa, exauridos.

Chega de arenga, de argumentos
e parangolés e mutretas e milongas
e convencimentos e rapapés.

Tirem a mão da floresta,
e acabemos com esta zorra,
esta casa da mãe Joana, esta terra
de ninguém, onde os galos cantam
e as galinhas respondem *amém*!
Chega de ser correto, cordato, bacana.
Abaixo a República da Banana!
Que se danem os conversadores,
os produtores de cuspe a justificar
a sangria, o fumacê, o arraso,
confirmando o atraso moral das chamadas
elites e vedetes que adoram
ser manchetes de jornal.
Acabemos com este Carnaval
que nos arrasta ao ventre de Baal para
sermos asfixiados, assados, devorados, defecados.

Necessário não é ter cérebro de gênio
para constatar que a floresta produz oxigênio.
É o beabá. Cada queimada reduz e emporcalha
o ar que estais a respirar, afeta
a camada de ozônio, aquece o Planeta
e – razão a não ser desprezada –
enfurece a bicharada.

Já não podemos dizer "o futuro
a Deus pertence", uma vez que O matamos.
E pelo andar da sinfonia não tarda
a chegar o dia em que ao correr
atrás do futuro daremos com a cara no muro.

Um adendo: mencionei somente
os poderosos, mas que se danem também
os choramingões asquerosos
que por não quererem mover a bunda
agarram-se à floresta e a devastam,
humanos piolhos a sugar as tetas
da mãe Natureza, canalhas todos com certeza.
Dane-se igualmente quem elimina cada

lepidóptero amazonense que adeja
e suas asas utiliza como adorno de bandeja.
Danem-se aqueles que com alma de barata
malbaratam a Atlântica mata,
as florestas tropicais e outros
conglomerados vegetais.

XXV

Riem-se os nobres de fancaria
cuja idolatria é o dinheiro.
E dirão, por meio de sua assessoria
de imprensa, já que a maioria não pensa:
Que basbaque é esse, a soar
seu atabaque em meio à multidão?
Acaso pode alguém erguer as pirâmides
do Egito usando por alavanca um palito?
Que estragos fará num paquiderme
o insignificante mosquito cujo esforço
não chega sequer a lhe perfurar a derme?

Deixemo-lo falar, que essa é a função
dos poetas, esses patetas trágicos,
despeitados, frustrados autores de obras
que ninguém lê. Que mal nos pode fazer
a poesia, essa fantasia metida
em camisa de força, cuja forma
inusual faz a tortura de qualquer
colegial? Ante os problemas da vida
moderna e seus dilemas, e todas
as complexas questões do dia a dia,
de que nos serve a litania
de um Dante ou de um Camões?
Tornados vultos em época distante,
na qual soava emocionante qualquer

feito, já que jornais, cinema, televisão
aguardavam no eito da criatividade
o momento de se tornar realidade, hoje
nenhuma atenção despertariam
e repousariam na estante, ignorados.

Falou-nos Dante de um Inferno imaginário
que agora nos soa infantil, já que mil
vezes pior é o inferno em que vivemos.
E acaso decantou algum poeta o lançamento
da primeira nave espacial, feito de magnitude
igual à do realizado pelos barcos lusitanos,
se não maior, porque conquistamos em alguns
dias o que lhes custou vários anos?

Que dizer então desse desconhecido,
famoso apenas entre seus pares,
um atrevido que nos fala dos azares
do destino humano, transformando
uma situação apenas crítica
numa tragédia apocalíptica?

Já vai longe o tempo das cavernas
inquisitoriais, nas quais o homem,
assustado com as avernas ameaças,
temia o que não via. Agora temos a ciência,
que nos dá capacidade para enfrentar
a consequência do que não soubemos
administrar, para corrigir o erro humano,
sem cair no engano simplista de quem
tudo julga à primeira vista e fantasia
a realidade, quando na verdade nada sabe.

Lidam os poetas com a palavra e são
de sua lavra jeremiadas que provocar
logram aluviões de lágrimas, convulsões
de espanto, revolta, medo, pois têm
eles o segredo de tocar algum arcano
capaz de dissolver o coração humano.

Ilusionistas, instilam suas visões
pessimistas em mentes impressionáveis,
interminável manipulação que faz
da razão um adorno dispensável,
insuflando à saciedade a sensibilidade
de suas vítimas, para que creiam
serem verdades celebradas as patranhas
por eles inventadas.

Sobre a suposição de que houvesse
o tal Inferno – concepção alheia
ao hodierno pensar – foi Dante capaz
de criar um enredo de meter medo
a estátuas de pedra. Pois é essa
a daninha erva que medra no cérebro
dos poetas – glorificados por estetas –
e a ser por nós, ajuizados, evitada.

A esta altura, não obstante a desenvoltura
do discurso, durmo eu a sono solto;
e sobre o bloco de gelo dorme o urso.

XXVI

Aprisionado na estratosfera o calor
faz do Planeta uma bola incandescente,
sobre a qual a vegetação, os animais
e a humana gente vão sendo assados
lentamente. Divaga o clima, como que
embriagado, e perde a noção do que há
milênios vem sendo sua função.

As estações, em dúbio comportamento,
passam a viver num conúbio incestuoso,
de escandaloso resultado. Parecem

derriçadas por alguma fera astral
de descomunal dimensão, que as fragmenta
em mosaicos de tons desordenados:
verões resfriados, primaveras outonais,
invernos abrasadores, outonos hibernais.

Se para o homem difícil é compreender
o que se passa, embora seja ele o autor
da devassa, é inenarrável o que
representa para a vegetação tamanha
malversação. Do simples pé de tomate
plantado em vosso quintal, às sequoias
da Califórnia imaginar podeis
o que sofre o verde com essa esbórnia
global. Abro um parêntese: prevendo
tais desacertos, os americanos do Norte,
em inegável ato de vanguardismo,
há muito submeteram ao corte,
ao terrorismo do machado, a maior
parte das coníferas, deixando umas
poucas para fins de turismo.

Deve-se aos lenhadores, aqueles senhores
bem fornidos, que nos filmes aparecem
vestidos com vistosas camisas axadrezadas,
a tarefa de as deitar ao chão
para o sono eterno, tendo na mão
a serra e o machado, esse abençoado par
que tem poupado as selvas de futuros
sofrimentos. Modernamente, a função
de cumprir de antemão os ditos
da profética visão tem cabido
à motosserra, aparelho versátil,
circular e portátil, que nos ensina
o que já sabemos graças à guilhotina.

Por milênios a derrubada daquelas
entidades lenhosas era tarefa das mais
espinhosas. Com o advento da referida

serra, movida a gasolina, tombar
quilômetros de mata é coisa de momento,
que se ensina a qualquer aprendiz, desde
que tenha reto o pensamento e claro
o objetivo. Isto quem diz é um lenhador
de nível superior. *Cortar um madeiro*
de trinta metros de altura chega a provocar
tontura orgástica, um prazer mais
completo do que meter a vara numa
beldade lá da cidade. Me dá um
tesão danado ir aprofundando a serra
e carcomendo o ventre de madeira,
que ao se desplumar geme e berra,
numa verdadeira orgia de folhas,
espadanando, até que se aquiete
o último galho. Cacete! Só de
falar molhei a braguilha –
murmura, rodeado por uma pilha
de cavacos que lhe chega aos sovacos.

Já não estamos na Califórnia
mas numa floresta brasileira, onde
a brava gente como a gente, trabalhadora
e honesta, livre de peia e coleira,
exerce o direito de, a seu jeito, vencer
na profissão, submergida no verde,
isolada naquela imensidão.

Tem o senhor especialização? – pergunto.
E vos peço me perdoeis por baixar
assim, *ex-abrupto*, do geral ao particular,
como se desse um zum no telescópio
de um satélite em direção à elite
das lides florestais. Tombam os lenhos
e em revoada fogem os corvos
a escorjar: *Nunca mais! Nunca mais!*

Corvos? Na Amazônia? – protesta
a senhora da primeira fila.

Perdoai. Assoberbado estou pela tal
erva daninha que aporrinha
o cérebro dos poetas.

Como dizia eu, é no particular
que se porfia sobre as ações do dia a dia.
E se não entramos na mata a questão
se torna abstrata. *Madeira*! – avisa alguém
ao vosso lado, enquanto mais um pau é liquidado.

Já fui dentista – responde o entrevistado.
Depois arquivista, equilibrista, motorista,
entregador de revista, letrista, alpinista,
cambista, diarista, varredor de pista,
comunista, sambista, vigarista, artista,
ilusionista, ciclista, articulista,
radialista, reservista, tenista, flautista,
recordista, fundista, prensista, bairrista,
escafandrista, arrivista, florista, corista,
prestamista, balconista, passista...
E agora entrei nisto porque tenho
um bom golpe de vista. Encerrada a entrevista.

Que merda! – exclama um mogno
já catalogado e preparado para o corte.
Em que mãos estamos!

XXVII

Liquefazem-se as geleiras, sobe o nível
dos mares; e o homem, insensível,
julgando risível o noticiário, prossegue
em seus vagares.

Acaso estarão os lares – pensa ele – *ameaçados*
por algo tão distante? Vai ver esse buraco tem
um fraco desempenho e como é sábia a Natureza
com certeza encontrará formas de restaurá-lo.
Dizem que o nível dos mares sobe, mas não
se nota. Há muita batota nesse jogo
de interesses e tais pregões alarmistas
podem ser sutilezas governistas, cujo sentido,
bem urdido, nos escapa. Riem-se de nós à socapa
esses articuladores, que vivem
a anunciar terrores para nos manter
anestesiados. O calor me parece normal,
o ar igual, os céus lisos como sempre,
sem qualquer anomalia. E vejam só
que dia esplendoroso! – Pega no chapéu
Panamá, nos óculos escuros e vai
flanar em seu carro esportivo, para além
dos muros de sua propriedade, a ver
se descobre alguma anormalidade.

O negócio é ir tocando a vida, aproveitando
o momento. *Cuidado com o chapéu! O carro*
esportivo, o vento... Não vos preocupeis.
Nosso homem nada tem de inocente, e nesse ofício
de bem-viver é um tipo competente.

Contudo, o buraco na camada de ozônio,
o aquecimento global, o nível dos mares,
o cabal desacerto das estações não participam
desse concerto entre o homem e suas ilusões.

Nas costas da Índia, algumas ilhas
foram já trinchadas pelo tridente
de Netuno; e o mar, qual gatuno sorrateiro,
nelas meteu o dente e as deglutiu por inteiro.

Na maré alta, há dias em que a massa
de água, revolta, com a força de mil
gruas, diflui pelas ruas, transmonta rochedos,
desbarranca estradas, derrui casas,
desarraiga os arvoredos... E não vos falo
da Flórida, com seus furacões de meter
medo, mas de pacatos lugares nos quais
até há pouco esses aparentes azares
da sorte não ocorriam.

Ainda que os vastíssimos oceanos
acomodar pudessem toda a água do degelo
que neles deságua, sem mudar visivelmente
de feição, haveria radical transformação
do clima, que por si só já seria um salseiro,
um vespeiro capaz de nos fazer tirar
o traseiro da poltrona. E é este o verdadeiro
dilema em que nos encontramos: a inércia.
Pois os traseiros são milhões, respondendo
cada qual a um cérebro individual.
E há também o traseiro coletivo, que só
na China e na Índia tem dimensões
de bilhões de metros cúbicos, a repousar
altaneiro em cima desse braseiro.

Haja despertadores para tirar governos
e nações do sono letárgico, a tempo
de deter o hemorrágico acidente que a cada
momento se faz mais evidente, não obstante
o talante individual, cujo exercício
nos pode ser fatal.

Se rompido está o equilíbrio e até
que se movam os traseiros haverá

um agravamento da situação, é melhor
esquecer e ligar a televisão, para
assistir de camarote à fatal destruição –
conclui a senhora da primeira fila. –
E por pouco não lhe dou razão.

Mas, na verdade, além da enormidade
do real, o que me tem conturbado é ver
a mediocridade com que o homem
existe em tal caldo de cultura, ignorante
da altura para a qual é nascido, a morrer
a cada instante sem ter jamais vivido.

Que ideia fazemos nós da vida?
Com que olhos vemos a maravilha
que a cada momento nos é oferecida?
Teremos nós consciência de que esse
fluxo atravessou idades, antes que a Ciência
nos possibilitasse erguer as cidades que hoje
nos parecem eternas? Quantos de nós
se sentem ligados aos passados tempos,
a outras civilizações que a fogo marcaram nossos
corações, vital atavismo, hoje reduzido
a infantil cinismo ante o que desconhecemos?
Se não incorporarmos o passado, que nos importa
o futuro? Nossa existência terá como fundo
os dias da infância; e o horizonte de nossa
ignorância, em cujo céu voam descorados flamingos,
se estenderá do futebol aos sábados mirrados
à macarronada com a *mamma* nos domingos.

Não é apenas *um* mundo que se vai perder,
pois na Terra coexistem diversas
maneiras de ser.

XXVIII

Os aristocratas que ergueram Veneza
nas lagunas do Adriático jamais suporiam,
com certeza, que o lunático evolver
do Planeta os levaria a temer pela imersão
de suas maravilhas: Catedral e Praça
de São Marcos, Piazzeta, Grande Canal,
Ponte dos Suspiros, Ponte de Rialto,
Palácio Ducal...

Grande empório dos empreendimentos
comerciais com o Oriente
– ilusório como tudo quanto grande
é considerado, levando em conta apenas
o presente e o passado – no século XV
virar fumaça viu seu poderio, ao lhe encruar
o programa a descoberta de Vasco da Gama, cujas
naus abriram o comércio marítimo da Índia.

Daí a hostilidade italiana contra a raça
lusa, considerada intrusa, da qual vítima
fui eu na infância, reagindo a tapa
e murro ao ser apodado "português burro",
o que não vem ao caso, já que o tema
consiste no arraso que fará o mar
ao montar sobre a pictórica e histórica cidade.

Se imaginar pudesse Canaletto a gravidade
da liça que se avizinha, teria em cortiça
pintado as fachadas dos palácios. Poderiam
assim os quadros flutuar quando o mar,
ignorante de artes e ofícios, galgar
museus, praças e edifícios.

Não por ser eu alarmista, mas diante
do que se me afigura ao olho, poria
as barbas de molho e removeria para

as montanhas, longe das manhas adriáticas,
as obras dos gênios da Veneziana Escola
que ainda permanecem na cidade, rendendo
graças ao Acaso, que há muito remeteu
a remotos museus do mundo o que de melhor
Veneza nos deu em seu apogeu.

Sugiro pois que se pesque (com o perdão
da involuntária ironia) e salve
o que restou de ambos os Bellini,
Messina, Carpaccio, Giorgione, Ticiano,
Lotto, Del Piombo, Tintoretto,
Veronese, Tiepolo e tantos outros.

Se vos parece fria esta relação, desprovida
de poesia, então ignorais o quanto de Arte
nos legaram os referidos cavalheiros,
os quais, enquanto mundo houver
e nele quem souber o Belo apreciar,
jamais serão esquecidos.

Como, diante de Veneza, permanecer
indiferente ao que se avizinha?
Quem, por mais impassível que seja, deixa
de pensar ao menos um instante,
ao vê-la, "esta cidade é minha"?

Não mais os cafés ao ar livre;
adeus pombos da praça de São Marcos,
e gôndolas, barcos, *vaporetti*; adeus Ponte
dos Suspiros, sobre a qual suspiravam de medo
os transgressores e ainda hoje é impossível
deixar de suspirar; adeus museus e galerias
e o ouro do mar ao entardecer,
único, e ruelas misteriosas a formar
labirinto, onde meus passos tiquetaqueiam,
a pontilhar o que sinto, e corações
se entregam ao engolfar de ancestrais emoções.

Veneza de hoje, de ontem, medieval,
arquitetura sem igual, memória (de mil
vidas esquecidas) que ainda medra
no líquen de cada pedra e circula
na indecisa brisa que nos chega do mar,
a nos contar segredos de amor, juramentos,
traições, tudo muito solene, antigo,
e ao mesmo tempo vivo, como se os corpos
tivessem partido e as almas felizes
por haverem ali vivido, permanecessem
para – embora nunca vistas – sorrir
e soprar no coração dos turistas a magia
de um encanto exclusivo, criado por
algum primitivo alquimista, para embalar
os visitantes, que depois de contemplá-la
jamais se sentirão como dantes.

É possível imaginar que o mar
se atreva a tanto? E o que faremos
de nosso espanto quando olharmos
as lagunas e avistarmos dos palácios
apenas o cocuruto, como se num astuto
ardil de sobrevivência tivessem decidido
aceitar filosoficamente a sua sina
e mergulhados ficassem na água daquela
vasta piscina, à espera de que o mar,
passados séculos, benevolamente voltasse
a recuar? Conjecturas.

Hoje, na vida real, podemos antever
as agruras que assolarão essa joia
da Civilização Ocidental. Furtivas
e silentes avançam as águas nos canais.
O mar, ignorando emotivas razões,
invade a Basílica San Marco; e sobre
o chão recortado de mosaicos nadam
peixes laicos e polvos profanos,
alheios aos místicos pendores
que nas paredes debuxaram bíblicas visões.

Degrau a degrau, galga Netuno
a escadaria do Palazzo Contarini del Bovolo,
interessado apenas em admirar a razia
que suas águas promovem na cidade,
quebrantando-lhe o orgulho de se ter
erguido na imensidade dos mares,
ao sabor da fantasia humana, sem levar
em conta que o poder emana das esferas
superiores, às quais se esqueceram os senhores
doges de indagar se lhes era permitido ali edificar.
E nem o *condottiere* Bartolomeo Colleoni,
montado em seu cavalo de soberba aparência,
a poderá salvar. Fundidos em bronze,
cavaleiro e montaria sofrem a agonia
de ver o mar engolir o pedestal e penetrar
na Scuola Grande di San Marco, para admirar
talvez as obras do jovem Veronese.

Tubarões rondam a *Crucifixão*
de Tintoretto, na Scuola Grande di San Rocco
(o qual prodigalizava generosas bênçãos
às vítimas de moléstias contagiosas).

Precária coisa é o poder – devem
pensar as paredes do Palazzo Ducale,
agora que as redes se aprestam
a capturar um cardume de mesquinhas
sardinhas nas salas em que governantes
e seus guantes ditaram lei e convênio
ao longo de quase um milênio.

Que nos salve Santa Maria dei Miracoli! –
brada uma velhinha ao ver que a líquida
linha submerge as ilhas da lagoa,
delinquescendo-lhes as relíquias.
Mas nada pode ou não quer a santa
casamenteira, cuja igreja é a primeira
a ceder à pressão de um mar agora
agitado. E esse inusitado impedimento

parece atingir os demais santos –
Giovanni, Paolo, Marco, Teodoro, Moisé,
Stefano, Salvatore, Bartolomeo, Zulian,
Giorgio Maggiore, Pantalon, Rocco, Zaccaria,
Francesco della Vigna, Pietro di Castello,
Nicolò dei Mendicoli, Sebastiano, Barnaba, Trovaso,
Giovanni Grisostomo, Marziale, Fosca, Michele,
Servolo, Clemente, Corona, Fermo Maggiore... –
impotentes para impedir que as afluentes águas
arranquem de seus braços e submerjam
os espaços colocados sob sua proteção.

Não posso eu, pobre vate, imaginar ausência
de tal quilate, um desaparecimento que emudece
a palavra e encasmurra o pensamento.
Inexistir Veneza é o mesmo que sofrer
o Planeta de amnésia; ou pior, já que não
se trata de perder a memória de algo que na história
se retrata, e sim de não mais haver
o que ainda se guarda na memória. Um *algo*
imenso, indescritível, belo a ponto
de seu banimento deixar de ser crível
para as gerações futuras (se as houvesse),
um delírio tão absurdo – a tanto quem se atreve? –
quanto imaginar a existência de uma neve negra.

E a confirmar o que vos digo,
ao redor do campanário, na Piazza San Marco,
em cujo topo Galileo, o libertário, mostrou
aos basbaques seu telescópio, o que lhe custaria
ataques brutais, espiralam os corvos
a grasnar: *Nunca mais! Nunca mais!*

XXIX

O mar, igualitário, indiferente ao que sente
a criatura humana, com a mesma presteza
demonstrada ao delir Veneza, mana suas águas
através do rio Amstel e se derrama pela rede
de canais, invadindo Amsterdã. E a morte
que emana de suas águas fatais bate às portas
do Palácio Real, o qual, prevenido no passado
contra eventuais levantes populares e seus
rompantes, é desprovido de porta principal.

Em respeito ao holocausto, ignora Netuno
o fausto das residências senhoriais,
abraçadas pelos canais do Grachtengordel,
e sobe, com passo discreto, ao anexo secreto
em que viveu Anne Frank, a menina
cujo crime consistia em ser judia.

Uma lágrima singra o rosto do Rei dos Mares
ao imaginar os azares da sorte vividos
por aquela família, arrastada à morte
pelos nazistas. Da janela divisa um grupo
de turistas a fugir das águas salobras
que lambem as sobras do banquete ocidental,
indiferentes à dicotomia entre o Bem
e o Mal. E sorri ao se dar conta
de que no montar das águas há uma certa
poesia, macabra por certo mas necessária,
a transmutar a vária crueldade humana
em dor pungente, sem qualquer objetivo,
tão somente para lembrar a toda gente
o motivo de tal primitivo gesto.

E os diques?! *De que nos valem*
esses anteparos de soberba engenharia
ante a marinharia desse mar que agora
nos navega? – exclama uma professora
de Letras, aposentada, que se achega

à amurada de seu barco-residência,
imune, por ora, à inclemência das águas.

Bombeiros apressados acorrem ao Rijksmuseum,
atarefados em salvar as pinturas da Idade
Dourada, orgulho da cidade, preciosas
feituras de Frans Hals, Vermeer, Steen,
Pieter de Hooch, Salomon van Ruysdael...
E Rembrandt! Por Deus, que outrora
havia nos céus! Deixem as sobras
e salvem as obras de nosso gênio máximo! –
grita a professora, aflita, quase a cair
de sua casa oscilante. *Diante dele*
tudo empalidece. Mais ao longe cresce
a voz de um cavalheiro a cavaleiro da inundação:
Que venham Gog e Magog ceifar o que
de civilização nos resta, mas não nos leve
Netuno, qual furtivo ladrão, o nosso Van Gogh,
essa alma de eleição. Tudo quanto antes
dele encerra a pintura universal se curva
ante seu gênio magistral. Acudam! Venham
todos! De que vale o ar que respiramos
se abandonamos o que nos edifica e justifica?

E Netuno ri, não por sadismo, já que lhe apraz
tanto heroísmo. Seu riso é um apanhado
conciso da humana falta de sentido,
um resumido julgamento de nossa impotência,
em ver o que Rembrandt, Van Gogh e outros
poucos vislumbraram, algo impalpável,
capaz de fazer do tolo um sábio venerável.
De que nos serve salvar imagens, por mais
geniais que sejam tais camuflagens,
se a nós próprios nos perdemos? –
murmura, aflita, uma figura hermafrodita.
– Que os mares levem todas as produções geniais
ofertadas à estulta Humanidade, esses pesos
e medidas que em precário equilíbrio mantêm
nossa sanidade. E que nos arrebatem em seguida,

já que a Vida, esse dom notável, após
milênios permanece indecifrável.

Para delírio das massas muçulmanas
as águas cobrem o Quarteirão Judaico.
No Vondelpark, lagos e corredeiras chegam
às cumeeiras dos edifícios, submetendo
a suplícios vacas, ovelhas, esquilos, periquitos...
E o jardim das rosas mais tresanda
que recende, mergulhado nos esquisitos
e lodosos abismos de nefanda liquidez.

No Distrito da Luz Vermelha o momento
é propício aos degenerados, que fornicam
às escâncaras nos telhados, gritando
ao vento palavras de baixa extração.
E ali, no velho coração da cidade, uma baleia
nada feliz, fazendo jorrar de seu chafariz
um jato de liberdade.

Milhões de tulipas oscilam ao sabor
da correnteza, pontilhando as vastidões submersas.
Suas cores desbotadas, dispersas em pétalas
fanadas, flutuam à busca de um rumo
e se chocam contra paredes embebidas,
enxaropadas, que a custo ainda mantêm
o prumo, prestes a ruir e se fundir
à massa informe.

E a gente comum, ao redor do mundo,
indiferente ao pesadelo,
tomando por modelo a queda do Romano
Império, prossegue no deletério hábito
de se agarrar à rotina e despertar
somente às portas do cemitério.
Bebericam uns, riem outros, comem, fornicam,
planejam e conversam, tendo como tema
a novidade mais recente, essa bobagem
de alteração do meio ambiente.

XXX

Não é propriamente a tragédia, narrada
em detalhes horripilantes, o que abordam
estes versos; adversos momentos em que,
ansiosos, tentam os humanos escapar à fúria
da Natureza, pois isto há anos vos exibem
o cinema e a TV, com toda a crueza,
recriando uma Babel de desastres, a mostrar
com desvelo o que seria uma nova Era
do Gelo, furacões, vendavais, terremotos,
tsunamis, vulcões, maremotos, invasões de
extraterrenos (*Isso nada tem a ver
com a Natureza!* – protesta a senhora
na primeira fila) e temas outros mais amenos:
epidemias desconhecidas, desastres naturais,
ataques terroristas, inimigos minimalistas
capturados por incrementados microscópios,
chuvas torrenciais, inundações, ataques predatórios
de lobisomens e outros notórios animais
racionais – tubarões estrategistas, orcas
dementes de agudos dentes, piranhas cheias
de artimanhas, crocodilos antediluvianos,
serpentes de cem metros contados
da cauda aos dentes, pássaros enlouquecidos
a bicar os vidros das janelas, loiras
oxigenadas transformadas (na lua cheia)
em panteras negras, ratos descomunais
a sair dos esgotos, manipulados por marotos
inimigos da Humanidade, enxames de abelhas
africanas a deixar as savanas para atacar
os habitantes da cidade, aranhas aos borbotões
a rivalizar com derrames de escorpiões e seus
ferrões, polvos suficientemente grandes para
abraçar por inteiro um navio cargueiro, orangotango
a bailar um tango agarrado a uma jovem
no telhado do Empire State Building,
inverossímeis seres criados

por produtores de desenhos animados,
de porte medonho, capazes de matar a morte,
tudo enfim que possa, com ilusório realismo,
nos transformar em ratos de laboratório.

Quantas vezes já foram New York, Los Angeles,
Washington e San Francisco destruídas
sem que as plateias se mostrassem
deveras comovidas? Terminada a sessão,
suspiram os espectadores e mergulham
na multidão, ou trocam de canal, aproveitando
a parada para uma boa mijada. E assim
vai o público, a adernar entre o pranto
e o riso, qual indeciso bêbado, à procura
de algo impreciso, que tanto pode ser
o dinheiro perdido a caminho do banheiro
quanto o motivo pelo qual se mantém vivo.

Perfeitas e abundantes, as tais reproduções
das tragédias – reais ou imaginárias – são antes
de mais nada entretenimento, sugestões visionárias
de um mundo a se evitar, feitas sob medida
para que a sofrida experiência não ultrapasse
o suportável, pois até mesmo na dor
quer o homem se sentir confortável.

Assim, peço-vos que me dispenseis
de pormenorizadas descrições realistas
– prédios a desabar, chão a tremer e a rachar,
multidões em pânico, pontes a oscilar e ranger,
ventos a carregar caminhões em voo de pluma,
aviões a despencar do ar sem esperança
alguma, ondas a crescer nos mares
para beijar o céu e varrer cidades... –
ainda que tudo isto e muito mais
que não se pode ver, a não ser em casos
esporádicos, esteja em via de suceder.

Anda o homem tão calejado pelos absurdos
da existência (furtando-se à consciência
de os ter ele mesmo criado) que nada mais
o impressiona senão o inesperado;
e ainda assim quando este desmorona
sobre sua pessoa ou atinge um filho,
um parente, um amigo, um vizinho,
alguma extensão enfim de seu próprio umbigo.

Embora vos esteja a falar de coisas tão reais
quanto o nascer do sol a cada dia, terríveis
a ponto de vos parecer mera fantasia, prefiro
sussurrar junto ao vosso ouvido como se
cantasse uma canção de ninar. Talvez
assim vos possa convencer de que vós
e vossa adorável esposa, vossos amoráveis
filhos, vossos pais veneráveis, vossos colegas
de trabalho e todo o rebotalho humano
que a vossos olhos não vale o pano que veste,
vossos imóveis e papéis negociáveis,
vossos automóveis, vossas roupas, vossos
vícios detestáveis, vossos móveis antigos,
vosso piano que ninguém toca, os dentes de vossa
boca, vosso ardor sexual a sofrer com a baixa
emocional, vosso plano de viagem à Disney,
vossa tatuagem, vossas ferramentas a dormir
na garagem, a mais insignificante meleca
do vosso nariz, o diz-que-diz-que no escritório,
vosso cão de estimação, vosso notório
esnobismo, vossa aposentadoria
e o sonho de um dia contemplar o poente,
vossa gula, vossa teimosia, o ente querido
que tendes por amante, vosso orgulho, vossa
mesquinhez, vossas frieiras, vossos serões
e bebedeiras... TUDO, eu incluído, está absoluta
e irremediavelmente fodido.
E a coisa piora a cada ano, mano.

Acaso tendes noção da dimensão dessa
ocorrência? Bilhões de anos de evolução
para findar no abominável silêncio da total
ausência de existência, História acabada,
apagada. Nada.

Nesse deserto que ora se esboça, reviverá
o chamado Temor Reverencial, essa flor que
na triunfal Civilização Ocidental se havia
fanado. Flor primitiva, nascida do incerto
fado ante as ameaças à instintiva
preservação da vida. Qual bola infantil,
escapa-nos das mãos o mundo e mergulha
no profundo vão do desconhecido,
em que nossas inteligências se apequenam
diante de cósmicas potências.

XXXI

Destarte vão sendo alagadas, a um só tempo,
todas as cidades costeiras, de nada valendo orações
e choradeiras de suas populações. Penoso e cansativo
– de tão numerosas – seria nomeá-las;
e considerando-se que do novel dilúvio nada escapa,
se vos parece imprescindível conhecer cada
minudência, consultai um mapa. Afinal estamos
a bordo de um empreendimento artístico e não convém
dar a este poema feição de guia turístico.

Algumas palavras, contudo, não podemos
nos furtar a dizer sobre New York, a capital
do mundo profano, centro do hodierno Império
Romano. Não obstante o poderio americano
e a capacidade de sua engenharia, nessa
porfia contra o oceano se vê o Império derrotado,
como é notório, em seu próprio território.

E se gozais da prerrogativa de viver num país
civilizado, por menor que seja, conheceis de cor
e salteado o cotidiano e o encanto dessa
cidade, não tendo eu necessidade de entrar
em minúcias. Só vos digo, pela emoção
dominado, que me dói no coração ver
espirrar a Estátua da Liberdade. Tendo molhado
os pés arde em febre, a ponto de o archote
simbólico, sustido em sua mão direita,
queimar de fato, projetando um jato de coruscante
luz sobre a cidade – grito de agonia por se ver
a pobre morrer assim, em plena mocidade.

É bem verdade que há muito se foi do mundo
a Liberdade (talvez se trate de um boato e ela
jamais tenha de fato existido), não havendo pois
o que lamentar nesse finar de um sósia,
introduzido por Mercúrio no reino de Midas.

Não entendi patavina! – rosna a senhora
na primeira fila. – *Tuas leitoras acabarão
confundidas com essa mixórdia divina
que nos impões, descosida alegoria
com ares de Mitologia. Além do mais,
a liberdade é evidente a qualquer
vivente do mundo ocidental, algo real,
que não se sente por se ter já tornado
banal. És com certeza um esquerdista
que travestido de artista procura infiltrar
na literatura a cizânia da impostura e por esse
meio estragar-nos o brinco, o recreio.*

E eu: a primeira condição exigida a um artista –
sentenciava minha avó – é a paciência, já que
a Arte é uma ciência inexata, sujeitando-nos
portanto a erro, o qual, em momentos extremos,
pode nos levar ao desterro. (Refiro-me aqui
certamente à ditadura, o reverso da democracia,
compondo ambas – sejamos claros – a mesma fantasia.)

Protesto! – brada a senhora contestadora. *Estás*
a insinuar que a ditadura e a democracia
são águas da mesma bacia?

No fundo da sala, um bêbado maltrapilho
decide meter-se no sarilho e grita: *Deixa*
o homem falar, porra! O tema aqui é...

A mulher, a espumar, remexe-se na cadeira
e rebate: *Cala tu essa boca desdentada,*
verme, arremedo de gente, figurinha indecente,
insignificante ruína humana que anda
à solta quando deveria estar em cana,
ignorante piolhento, cerne fedorento
do inferno lançado ao mundo por engano,
desprovido do mínimo tutano para debater
qualquer ideia que não se atenha
ao vício de cachaça, raça imprestável,
abominável aborto da natureza! Ao que o ébrio,
com presteza, retruca: *Obrigado, tia. Graças*
à senhora finalmente entendi o que é democracia.

Peço-vos perdão pela digressão descabida,
mormente nesta contingência que de nós
exige certa urgência, estando já New York
inteiramente usurpada pelo oceano
sem que nenhum humano possa evitar
esse desmantelo material e metafísico.

Espirra novamente a Liberdade e eu,
num gesto desatento, rude, arremato:
saúde! Ri-se um casal de velhinhos;
e alheio aos burburinhos que ecoam
em diversos pontos da ilha de Manhattan chora
o Sol no poente, como quem perde uma filha.

Por delicadeza deixamos para o fim o cartão
postal do Brasil, cuja beleza porreta é decantada
em todo o Planeta. Sob o sol de fevereiro

afoga-se igualmente o Rio de Janeiro. Flamengo,
Leblon, Ipanema, Baixada Fluminense, centro
da cidade, Copacabana, não há lugar da costa
em que o mar não esteja a fazer dessa
beldade uma traquitana.

Carnavalescos gaiatos, donos de notório
otimismo, nas ruas chapinham com pés de patos,
a encarar a tragédia, não digo em tom
de comédia, mas sem perder o humor. Um pescador
passeia com turistas e dando vazão à veia artística
impulsiona uma gôndola na rua Vinicius de Moraes –
agora transformada em rio – a cantar
"Il sole mio", aquela que diz: *Guarda il mare*
quant'è bello, spira tanto sentimento... Não se trata
de atrevimento ou cinismo, é apenas uma espécie
de exorcismo carioca, enquanto tudo vai à matroca.

Ainda que a cidade submerja, restarão
os recantos naturais, os quais constituem
seus verdadeiros encantos. Pois não há lugar
em que a olhar não se esteja para montanha,
floresta, céu ou mar. Quanto à construção,
desprovida de tais adornos, despertaria certamente
mornos sentimentos, já que em matéria
de orquestração arquitetônica, a versar
sobre tijolos, cimentos, ferros, vidros
e concretos, são discretos os pendores
do Rio de Janeiro. O que se perde é a justeza
com que se soube harmonizar a beleza natural
com a presença humana, e aquele jeito
de ser, inteligente, sagaz, molemolente,
que cativa à primeira vista
a gente de casa ou turista.

No alto do Corcovado, só o Cristo estaria
em condições de respirar sossegado.
Mas sua expressão, vista de perto, denota
preocupação. Nada pode em tal circunstância

por ser do Salvador uma imagem apenas,
talhada em pedra, a olhar daquela altura
eminente sem existir, a não ser figuradamente.

XXXII

Não são apenas as vedetes urbanas que me
condoem. Há no Pacífico oceano um grupo
de doze ilhas, as Marquesas, pérolas de um colar
que se convencionou denominar Polinésia,
na verdade Nuka-Hiva, em língua nativa.

Num momento de descontração, como quem
numa festa se serve de docinhos, os soldados
franceses – na época "mocinhos" de uma
película de quinta, ridícula, como tantas
outras estreladas por ingleses, holandeses,
portugueses e demais colonizadores
que nos ardores de conquistas "civilizatórias"
se cobriam de glórias e, de passagem,
graças à rapinagem, entesouraram bateladas
de riquezas e vastidões continentais, extensões
de suas mesas e de seus quintais – deitaram
a mão a inúmeras ilhas, dentre as quais
as tais Marquesas e o Taiti.

Nada importam a esta história meros resquícios
de memória. O que nos leva a tão remotas
paragens é um túmulo de rústicas pedras,
ao qual devia o mundo render homenagens
e que no entanto, para espanto meu
e de outros amantes da Arte, jaz esquecido,
à parte, em Atuona, um recanto de indizíveis
belezas, nas referidas Marquesas. Ao pé
do túmulo, numa pedra arredondada, marcada

pelo acúmulo dos anos, lê-se uma inscrição
que, por sua singeleza, nos toca o coração:
Paul Gauguin, 1903.

Suma ironia, nascida da fantasia
de um gênio que sabia de seu valor –
repousar num berço de simplicidade
quando não há cidade, no mundo, que lhe
desconheça o nome. Derradeiro ato
de maestria: unir a fama e o total anonimato.

À medida que as águas se derramam
pela cercania do túmulo, eu penso
no cúmulo do absurdo que será ver
os despojos desse grande Artista sibilino
transformados em escolho submarino,
penalidade infamante, aplicada em época
distante aos traidores e parricidas.

Embora não se me afigure que possa
o Planeta sair ileso dessa tosca arriosca
engendrada pelo homem, fundas angústias
me consomem ante o evolar-se não só
do Artista como do cenário de suas derradeiras
pinturas, o que, trocado em miúdos, significa
a submersão das ilhas e a evacuação
dos habitantes, com seus pertences e conteúdos –
sua História e o que lhes resta na memória.

Para onde irá toda essa gente se dentro
em breve nenhuma ilha restará?
Ao Pintor, talvez, pouco lhe importe,
já que, há muito instalado na Morte,
viu de Cristo as palavras confirmadas:
Na casa de meu Pai há muitas moradas.
E anda, por certo, a pintar outras paisagens.

Sento-me ao lado do túmulo – pois lá já
estou em imaginação criativa – e penso

no acúmulo de absurdos que a razão
ocidental, hiperativa, entesourou nos bastidores
a cada milênio e que agora, sob a luz
dos refletores, vemos no proscênio
em que se desenrola este drama.

Criada a trama, o cenário, o figurino,
tiveram os atores figurantes, arrebanhados
pelos conquistadores, que dançar conforme a música,
sendo levados a esquecer sua própria cultura,
pois a essa altura só contava o que
no texto ocidental figurava.

Mas a maior insanidade, a meu ver,
consiste na ideia de que o espetáculo deva
ter afinidade com o moto-contínuo, ou seja,
a capacidade de se manter indefinidamente
em movimento, alimentado pela energia
do próprio pensamento. A civilização
atual seria assim a única a não ter fim.

E como já nos falta fôlego para manter
o espetáculo, roídos que fomos pela
traça da trapaça, é bem possível que
tenhamos lançado algum tentáculo à viga
que sustenta a estrutura, para fazer
desabar o edifício sobre a atenta plateia,
oferecendo-a em sacrifício ao cerebral
eflúvio segundo o qual depois de nós,
ocidentais, que venha (e vem!) o dilúvio.

XXXIII

Essa razia que das águas promana, para
da humana vaidade fazer tábula rasa,
nada pode contudo contra a gente lusitana.

Fenômeno inaudito dentre os mais incríveis
é estender-se o mar em dois níveis
diferentes, restando enxuta a costa portuguesa
quando as demais do vasto globo
se veem da oceânica empresa vitimadas.

Intrigado, chego-me à orla deste lugarejo
em que me vejo colocado, pequena aldeia
de pescadores cujos primores fazem
do meu isolamento um retiro dourado.

Praia, a bem dizer, não há. Batem-me já
as ondas acima dos joelhos, embora esteja
eu numa elevação; e sinto nos artelhos
a movimentação da correnteza que perpassa
com leveza, arrastando algas e folhas, um agrado
sub-reptício que me soa como indício
de tempos mais violentos, pois não tem
o mar ternos pensamentos que perdurem.

No céu, a lua cheia permeia o oceano
e entrevejo uma figura prateada
que nada em minha direção. E logo tenho
ante mim um jovem surfista, em cujos
cabelos e barbas esverdeados rebrilham
pérolas ou algo que se lhes assemelha
à primeira vista. Sob o braço esquerdo
sustém a prancha e agarrado com a mão
direita um aguçado tridente.

Que singular arpão – digo eu, para
entabular conversação. O jovem ri e só então,

ao examiná-lo mais de perto, constato
que está nu. *Este é, ao certo, um encontro
oportuno* – responde, oferecendo-me a mão,
com ares senhoriais. *Muito prazer. Netuno,
rei dos mares abissais.*

São assim os surfistas, leves de espírito,
soltos, eternos turistas, amantes de brincadeiras.
Ouço no céu um grito e vejo um maçarico –
adornado com rico manto dourado – que voa
em círculos, a nos observar. O jovem acena
com a mão e o pássaro mergulha no mar.
Meu animal de estimação – diz ele. – *Está
o senhor intrigado com a isenção
de que por ora goza a costa portuguesa.*

Tomado de surpresa por ter o jovem conhecimento
de um pensamento que só há pouco me ocorreu,
e também por sentir seu corpo impregnado
com forte odor a pescado, acabo convencido
de estar na presença do rei dos oceanos,
que apesar dos anos não parece envelhecido.

*Sei também que o senhor escreve um poema
e necessita de uma resposta para solver
esse dilema.* Com tal linguajar, penso eu,
não é obviamente um surfista, cuja tribo,
simplista, costuma se expressar em código reduzido,
com poucas palavras e algum eventual
grunhido, mas nem por isso oco.

Mais uma vez eu vos peço não me leveis a mal
e me perdoeis por este aparente derrame verbal,
mas necessito ganhar tempo, premente em
tal andança, mormente em se tratando
de verossimilhança. Não há como, diante
de um jovem que se anuncia como Netuno,
simplesmente dizer *muito prazer.*

Não poderia eu me furtar a lhe revelar
as razões pelas quais tenho poupado
a lusitana gente da irrevogável enchente –
diz ele. Temeroso, pois sempre teve Netuno
fama de odioso monstro, capaz de tragar
um navio que navegue em sua zona
como quem mordisca uma azeitona, deixo
vir aos lábios um sorriso; e ainda indeciso quanto
à sua identidade, lhe pergunto se aceita
uma cerveja.

Esteja o senhor tranquilo – contesta. –
De passagem vou, pois há no mar
inúmeros problemas a solucionar, causados
na maioria pela idolatria que vocês humanos
têm em relação ao dinheiro. Ao contrário
do que se possa pensar, procuro eu adiar
o caos definitivo. Em aflitivo estado vivem
os seres do meu reino, transformado
em cloaca pela Humanidade, que nos ataca
a golpes de esgoto, lixo, químicas absurdas,
detritos, restolhos nucleares, toda sujeira
enfim que há hoje nos mares. O degelo
provocado pela insanidade humana altera
o rumo e a qualidade das correntes;
e apesar do desvelo com que minhas nereidas
procuram remediar a situação, não há
como evitar o derriçar dos mares.

Sem saber o que dizer, desvio o olhar
e fico a pensar se ainda aqui estarei
ao apagar das luzes. *No que a Portugal*
se refere, a resposta é simples: tenho-lhe
respeito, já que esse povo mareante fez
o que antes não se tinha ousado – rasgou
as ondas e num rompante entrou em meu reino
sem ser convidado. Fiquei perplexo ao ver,
a flama a iluminar os olhos de Vasco da Gama,
a caminho da Índia, arrostando perigos,

enfrentando monstros imaginários criados
pelos mouros para manter afastados os mais
temerários navegantes. No início, de tão
admirado, embora irado, bem pouco fiz para
evitar sua investida; mas à medida que em número
cresciam as expedições, lancei contra elas
minhas maldições e incitei todos os deuses
de que se tinha conhecimento para punir tal atrevimento.

Diante das frágeis naus cavei abismos,
levantei ondas de trinta metros, ocultei
promontórios; fiz cair sobre elas alúvios
aterradores, ventos desvairados, trovões
estentóreos e outras ameaças que fariam
tremer de medo qualquer mareante metido
em semelhante enredo, sem conseguir
deter aquela gente obsedada pela ideia
do descobrimento, da conquista.

Quantas naus afrontei pessoalmente,
sob mil disfarces, levando-as ao fundo,
acompanhando o estertor daqueles que pela
glória de seu Rei deixavam este mundo.
E em nenhum rosto vislumbrei pavor, como se
cada ator daquela intrigante empreitada ainda
esperasse encontrar, para lá de eventual
Cabo das Tormentas celeste, um continente
agreste por descobrir. Alguns até, com os pulmões
tomados já pelo sal, pareciam sorrir; outros,
ao tossir, gargalhavam e cantavam como
se bêbados ou loucos estivessem.

Milhões de anos levei a governar
os mares – bem antes dos romanos dias –
sem jamais topar com gente de tal jaez,
que se fez certamente encantar por algum
gênio zombeteiro de molde a sentir
inteiro desprezo pela morte. E de tal
sorte porfiaram em seu intento

que eu, antes ciumento do meu reino,
curvei-me ante suas coerentes atitudes
e lhes abri as portas dos mares
até as longínquas latitudes.

Mudo estava e silente permaneço, pois
de humano talante e bom senso é não interromper
um deus falante. *Ainda ao tempo das conquistas
decidi deitar as vistas por Lisboa.*

*Apaixonei-me ao chegar e desde então
outras estâncias humanas esqueci, por não
encontrar o que em Lisboa senti agasalhar
minh'alma, feita de líquido e de gelo.
Passo lá minhas férias. Baixa, Alfama, Cais
do Sodré, Palácio dos Marqueses de Fronteira,
Chiado, onde no café A Brasileira
Fernando Pessoa bebericava à espera
de Sá Carneiro, capazes de um dia inteiro
deixar vagar o espírito até que algum
altaneiro poema se concretizasse.*

Isto já ultrapassa os limites
da mitologia. O que temos aqui é certamente
um surfista letrado, que recende a Netuno
por haver estado em alguma peixaria
e que agora me fustiga com sua zombaria.

*Ah... a Torre de Belém, com seu estilo manuelino,
de onde, sem saber ao certo o destino que teriam,
partiam os navegantes, na verdade argonautas.
Mosteiro dos Jerônimos – fundado por dom Manuel I,
em memória da descoberta de Vasco da Gama –
sob cuja coberta repousam os mortais
despojos do bravo Capitão, bem como os de Camões
e outros imortais campeões. Recomendo a Alfama
a quem ama e gosta de escutar o fado. De igrejas
nada lhe digo, já que pertencem a outro
ramo da teogonia, na verdade teocracia,
inteiramente dedicado ao Deus único.*

Toda a noite ficaria eu a lhe falar dos encantos
que permeiam os recantos de Lisboa.
Mas tenho que tomar assento numa reunião
dos deuses, na qual avento nova tese que será
causa de cisma, sobre as ruínas da Atlântida submersa
e as origens do cataclismo.

Embora já não seja de minha alçada Portugal
salvar do desastre, ainda posso mantê-lo
acima d'água, até que a frágua de Vulcano
faça arder o fio de Ariadne e se perca
a Terra no labirinto celeste.

Dou assim por respondida a questão
sobre a razão de estar a seco a costa lusa,
aconselhando-o a buscar terras mais altas,
se não quiser se ver num beco e – assunto
delicado – acordar um dia afogado.

Tencionava eu lhe dizer umas verdades
a propósito de me haver tomado por tolo;
mas já vai ele bem longe, circundado
por um bando de gaivotas, a nadar com tal
velocidade que eu, a tremer – como no dia
em que cheguei, sem o querer, à escola, tímido
aluno – concluo tratar-se mesmo de Netuno.

XXXIV

Falei-vos apenas das águas que estão a subir
mas – quem sabe ao certo? – há outras
possibilidades à escolha nesse rol
de calamidades que se estende do gelo ao deserto.
O aquecimento global é um animal desconhecido,
que tanto pode nos lamber as mãos com um calorzinho
de quarenta e cinco graus, como galgar os degraus
do barômetro, hoje morno, e nos fundir
como pizza no forno.

Por artes de um desarranjo no sistema de pesos
e contrapesos que nos mantém coesos há bilhões
de anos, é provável que uma alteração no humor
das correntes marítimas nos erice o pelo
e nos conduza a uma nova Era do Gelo.

Seja qual for a cavidade da roleta em que,
a saltitar, irá dar o Planeta (preta ou vermelha)
há muito já enveredou nosso fadário
pela senda que leva ao lendário Averno.
Basta lançar um olhar ao mundo hodierno
para concluir que cerrada foi a porta
de emergência e de nada nos serve gritar
por clemência a uma cadeira vazia,
da qual expulsamos o Juiz.

Na verdade estamos por um triz: guerras
localizadas e terrorismo religioso, que
contradizem o pomposo linguajar diplomático;
falta de água, saneamento básico e alimentos
no Terceiro Mundo; produção em massa de armamentos
e mísseis nucleares, bem como milhares de outras
ameaças que graças ao espírito beligerante
do homem pendem sobre nossas cabeças. Maior
que o Everest e igualmente nevada é a montanha
de cocaína cheirada por milhões de narizes,

acima das bocas que em surto
de demência arengam contra a violência.

Prostituição e trabalho infantis, pedofilia,
balas perdidas, passageiros cremados
em ônibus incendiados por marginais
(tudo enfim que nos jornais se lê a cada dia,
a provocar porfia e a resultar em nada)
são um indício de que o excesso
de suplício quebrantou nossa vontade
de lutar contra a adversidade.

Pessimista não sou nem quero de tal sorte
ser apodado por vos haver alertado de algo
que sobejamente conheceis mas não quereis
admitir, por não convir aos vossos interesses
ou simplesmente para não criar controvérsia
em torno das razões que sustêm vossa inércia.

Pouco teria eu a acrescentar
a esta modesta lamentação, a não ser
lembrar que nosso rabo deixou o trono
divino e se encontra – como diz o povo,
de maneira nada discreta – na reta.
O mais é vazia filosofia, que em círculos
só nos poderá levar ao mesmo lugar. E assim,
dominando medo e emoção, passo à conclusão
deste enredo, certo de que nada se fará.
Pois estamos em mãos de celerados, mais
interessados em colonizar a Lua com o que
de nós restar do que o Planeta salvar.

XXXV

Lançai mão, senhores, de vossas fanfarras,
afiai garras, limpai goelas, abri de par em par
as janelas, que chegados somos ao momento
do chamamento, na esperança de que nossa
pequena comitiva possa encontrar oitiva suficiente
para trazer à razão o povo dormente, numa
irrisória tentativa de salvar o Planeta.

Vem, Roberto Piva, querido amigo, Poeta Maior,
tu que enquanto os de nossa geração
tateavam à busca do caminho que os conduzisse
a searas abundantes, já havias escavado
tua mina de diamantes.
Vem e traze contigo teus xamãs, pois sem eles
não haverá amanhãs.
Bate no teu tambor, ritmadamente, para que
Ouroboros, a mágica serpente, abrace o mundo
e o mantenha coeso.

Ao longe pia um *alma-de-gato,* como
naquele dia em que, aceso nosso espírito,
íamos a passeio sob o arvoredo
de Higienópolis, como quem andasse à beira
de um regato – sem atentar para o aparato
de carros e buzinas – ligados à alma
das coisas pequeninas.

E ali, em pleno asfalto, essa matéria
que romper veio a conexão do homem
com o Alto, tentávamos escutar o batimento
do coração terreno, tão débil e descompassado
que preocupados ficamos com seu estado.

Avistamos enfim o *alma-de-gato,* pousado
no topo da folhagem; senhorial, ainda que

pequeno de corpo, e alongado por uma cauda
acastanhada, arrematada por manchas
negras e brancas. Um pássaro xamânico,
que pelas regras da magia não devia
esvoejar em lugar tão desprovido de poesia.

Sinal de bom augúrio, de proteção – disseste,
acenando com a mão para saudar
o mensageiro celeste. *É uma ave esguia*
e quando pia junto a alguém, consiste
isto num privilégio, régio presente.

Que estávamos nós a fazer ali, a flanar
despreocupados? Na verdade éramos celebrantes
disfarçados e levávamos no sacrário do peito
o *sentimento do mundo.* E no momento
exato em que pela segunda vez piou
o *alma-de-gato,* a voz do Grande Espírito
se fez ouvir, a emergir como sussurro
em meio ao ruído de motores e outros
horrores da grande cidade: Não queiram,
meus filhos, o Planeta salvar somente para
vê-lo rodar, desprovido de sentido.
A Terra vaga sem rumo. Homens, animais,
plantas, rochas, vento, chuva e tudo quanto
eu sustento com meu alento perderam seu
espírito, que se evolou em fumo. Nada mais
disse e nem foi preciso.

Tive então a intuição de que o mundo
não poderia ser poupado da destruição
pelo burocrata de paletó e gravata.
"Deixai que os mortos enterrem
seus mortos" – disse Cristo.

Vinde Tupi, Caiapó, Tupinambá, Guarani,
Carajá, Xavante, Txucarramãe, Bacaeri,
Muritsaná, Guaicuru, Je, Tonori, Suiá!

Vinde *pajés,* vinde *caraís*!
Vivos ou mortos, vinde!

Vinde Juruna, Meinako, Lualapiti, Arupati,
Naruvot, Kuikuru, Kalapálo, Nauquá, Matipu,
Tsuva, Trunai, Aipatri, Tavaracu, Anumaniá!

Batei vosso tambor, soai vosso *maracá*!
O *caraíba,* que tanto horror nos trouxe
em seu *aturá,* está derrubando o arvoredo
que sustenta o céu. E tudo vai desabar.

Vinde Kamaiurá, Auéti, Guana, Bororo, Tereno,
Também, Xipaia, Cachiá, Coroado, Ipuriná,
Guaiaqui, Aracuná, Chiripá, Chavagé,
Apapocuvas, Cainguá!

Ao arrombar a casa da Noite, os filhos
de *Sináa,* esparramaram as trevas
pelo mundo. Agora, para alegria
de *Anhangá,* o *caraíba,* com sua
baderna, vai tornar a noite eterna.

Vinde Sioux, Cree, Seminole, Shawnee, Zuni,
Apache, Arapaho, Mandan, Hidatsa, Cherokee,
Nez Percé, Delaware, Fox, Miami, Dakota!

Vinde Gerônimo, Victorio, Touro Sentado,
Nuvem Vermelha, Cavalo Doido, Chaleira Preta,
Nariz Romano, Urso Branco, Lobo Solitário!

Vinde Powhatan, Blackfoot, Navajo, Mohawk,
Oneida, Onondaga, Cayuga, Seneca,
Micmac, Chippewa, Piegan, Crow, Kwahadis!

Vinde Pássaro Saltador, Mangas Colorado, Cochise,
Faca Embotada, Dez Ursos, Cauda Pintada, Neva,
Corvo Pequeno, Antílope Branco, Manuelito!

Vinde Illinois, Pigmy, Pownees, Chinook,
Wampanoags, Narragansett, Pottawatamies,
Kickapooa, Winnelagos, Hunkpapas!

Vinde Chuva no Rosto, Urso Bravo, Perna de Peru,
Medroso-de-seus-Cavalos, Coelho-que-Dorme,
Touro Pequeno, Cavalo Branco, Matador-de-Pawnee!

Vinde Chickasaws, Chocktaws, Cheeks, Kiowas,
Ottawas, Hurons, Paiutes, Cheyennes,
Chiricahuas, Tetons Brulé!

Vinde Cavalo Vermelho, Cauda Pintada, Canhoto,
Urso Forte, Lobo Solitário, Touro Alto, Corvo-Rei,
Águia Abatida, Duas Luas, Corcunda, Urso Magro!

Vinde com vossos mustangues e saltai
o Grande Fosso do passado! Invocai os Ventos
para varrer o gigantesco ser que,
abraçado ao Planeta, o tem vampirizado.
Vós, a quem foi dado viver no Terrenal Paraíso,
após Adão e Eva terem sido enxovalhados
por seu venal comportamento, conheceis
o *homem civilizado* e sabeis que dele
não nos virá o salvamento.

Vinde espíritos livres de negros outrora
escravizados, vexados, oprimidos!
Vinde negros de Angola, Moçambique, Togo,
Zaire, Gana, Benin, Libéria, Costa do Marfim,
Cabo Verde, São Tomé e Príncipe, Guiné, Gamboa,
Congo, Daomé, Grandes Lagos!

Dai-nos vossa bênção, vós que por
milênios – antes deste verniz decorrente
de convênios, a que se convencionou chamar
civilização, uma barbárie que a cada dia
mais evidente se tornou – soubestes

garantir a sobrevivência da espécie
humana, dialogando com a Natureza e obtendo
sua colaboração e anuência. Já não há
quem tal linguagem conheça e tão avançada
vai nossa vileza que de vossa sabedoria
e pureza dependemos para o sucesso
de nossa empresa. Intercedei por nós.

Vinde crianças com vossos cantos
e danças inocentes!

Vinde cartomantes, astrólogas e videntes,
pois em breve de nada vos servirá unir amantes
em casamento, iludir mulheres dependentes,
dar alvará a esposas infiéis ou influir
na mudança de testamentos de maridos
traídos e ciumentos!

Vinde prostitutas, de árduas labutas,
para manter a carne acesa e o pão na mesa!

Vinde professores que muito ensinais
mas nem sempre estais abertos a aprender!

Vinde garis heroicos a exaurir o lixo
com que humanos paranoicos emporcalham
chão, rios, oceanos, atmosfera e até
as órbitas celestes!

Vinde mães de família que a incerto futuro
entregais vossos filhos, mais inseguro agora
por certo!

Vinde açougueiros mergulhados no sangue
de vacas, porcos, galinhas e cordeiros,
sem nada poder fazer pela Terra exangue!

Vinde motoristas, perdidos nos labirintos
das ruas, a transportar mas na verdade
transportados, sem poder decidir aonde ir!

Vinde operários, espoliados, atados ao peso
dos anos, vendo ruir todos os planos
e – mistério insondável – continuando
a sorrir!

Vinde secretárias, sedentárias, obedientes,
onipresentes, prestativas, submissas,
enamoradas em segredo, assoladas pelo medo
da demissão por algum melindre do patrão!

Vinde estudantes, presentes ou ausentes,
amantes do livro ou da cerveja,
aprovados ou desmascarados pelo crivo
do exame final!

Vinde investigadores de polícia,
a farejar o cheiro acre das ações
criminosas como quem aspira perfume de rosas!

Vinde ascensoristas, viajantes de longas
e verticais distâncias, que após
um cansativo dia em claustrofóbico
veículo aéreo chegais ao térreo!

Vinde carteiros, que transportais na bolsa
o pranto e o riso, sem que para tanto preciso
seja algo mais que o caminhar!

Vinde cozinheiras, a regalar ou destruir
nosso paladar!

Vinde eletricistas, dotados de poderes
para fazer falar televisões, aquecer

chuveiros, transferir ilusões, manter no ar
aviões e outras mandracarias!

Vinde trambiqueiros, ilusionistas faceiros,
que o charme utilizais para pescar
nossos dinheiros!

Vinde modelos a desfilar nas passarelas
de nossas ilusões, a provocar ereções
e sonhos que, terminado o desfile,
fogem pelas janelas!

Vinde pintores, que em cores
fazeis viver tudo quanto na tela couber
e souber lançar vosso talento!

Vinde domésticas, humildes e humilhadas,
que em silêncio, com mãos de fadas,
tornais floridos os nossos lares, ainda
que sensações desérticas vos abatam a alma!

Vinde encanadores que nossas dores
canalizais sem as lançar aos oceanos,
para que nossos dissabores a outrem
não possam magoar!

Vinde arquitetos a acolher nossa tristeza
com paredes, pisos e tetos, e a fazer incidir
a luz do dia sobre nossa melancolia!

Vinde batedores de carteira que nos aliviais
os tormentos, arrebatando-nos da algibeira
freudianos excrementos!

Vinde jornalistas, modelistas do provisório,
a produzir o cálido envoltório com que
se agasalham mendigos e artistas!

Vinde anjos da guarda e que Deus vos
guarde de malefícios indetectáveis pela
pureza de vossa natureza!

Vinde todos os que da humana raça vítimas
são da ardilosa trapaça que nos ameaça!

Vinde pássaros *Poe*anos, a gritar vossos
desenganos, no alto de campanários e minaretes,
repetindo à exaustão, como diabretes:
Nunca mais! Nunca mais! Nunca mais!

Toquemos nossos tambores a exorcizar
os horrores que se abatem sobre o mundo,
cujo espírito extraviado buscam os xamãs
em extasiado transe!

Qual imenso buquê de rosas a Terra
se despetala; e sopram excruciantes ventos
a desfazer essa mandala. Terra apurada,
Terra caída, Terra da Promissão, Terra
de ninguém, Terra de Siena, Terra dos
Marechais, Terra do Sururu, Terra favada,
Terra firme, Terra fresca, Terra preta,
Terra devoluta, Terra vegetal, Terra Santa,
Terra terra, Terra.

Tocai vossas fanfarras, explodi em
alaridos e algazarras, rodopiai, gemei,
arrancai vossos cabelos, tremei, chorai,
uivai! A Terra se esvai. A Terra morre.

Malditos sejam os codiciosos touros
bravios que escornam o Planeta!

Malditos os invejosos da Criação!

Malditos os duros de coração!

Malditos os vampiros ocultos sob o manto
da noite, que esse quebranto lançaram
sobre a Humanidade!

Malditos os indiferentes que vagam nas
trevosas regiões do mundo inferior, desprovidos
de alma, inatingíveis pelo amor!

Malditos os arautos da destruição, surdos
aos apelos da razão!

Malditos os parasitas que usufruem da Terra
e a desconhecem ou se esquecem do que recebem!

Malditos os insaciáveis a desmembrar
o Planeta e a se fartar nesse banquete macabro!

Malditos os covardes que emudecem ante
o descalabro de tal dissolução!

Malditos os puros que nesse lixo não
querem meter a mão!

Malditos os inimigos da Vida que apunhalam
o Planeta e, ignorando o próprio suicídio,
riem e zombam desse genocídio!

Soai os tambores, soai! Perseverai
nessa porfia, dia após dia, até
que os braços se façam bagaços.
Gritai, falai, murmurai, soluçai;
e quando voz não mais houver,
gesticulai. E se acaso morrerdes,
retornai em versão fantasmagórica,
a fim de prosseguir nessa tarefa
histórica, pois é agora que se decide

a sorte da Terra e incide sobre vós
a responsabilidade de salvá-la.

Meu papel cumpri, na medida de meu
parco talento; e agora, exausto, adormeço.
Mas se em sonho me chamar a Terra
para defendê-la, honra que não mereço,
lutarei ainda que dormindo, pois o amor
com que nos acalenta é algo que não tem preço.

O autor

Eduardo Alves da Costa nasceu em Niterói (RJ), em 1936. Aos dois meses de idade, mudou-se para São Paulo com seus pais. Graduou-se em direito pela Universidade Mackenzie (SP), mas não chegou a exercer a profissão. Trabalhou como redator de publicidade, jornalista, editor de textos, mas sua maior paixão sempre foi a literatura. Poeta, romancista, contista, cronista, escreveu algumas peças de teatro (inéditas) e, em 1982, após frequentar durante muitos anos o ateliê do pintor Mario Gruber, começou a se dedicar também à pintura. Atualmente, vive com sua mulher, Antonieta Felmanas, em Picinguaba, uma vila de pescadores situada no litoral norte de São Paulo.

Obras literárias

1960 • *Fátima e o velhos* (contos, Massao Ohno Editora)

1962 • Inclusão na *Antologia dos novíssimos* (Massao Ohno Editora)
• Organizou as *Noites de poesia* (teatro Arena, em São Paulo)

1968 • Inclusão na antologia *Poesia viva* (Civilização Brasileira)
• Inclusão na antologia *Canto melhor* (Editora Paz e Terra)

1969 • *O tocador de atabaque* (poemas, Editora Paulista)

1971 • *Os hóspedes estão amanhecendo* (teatro)

1974 • *Chongas* (romance, Editora Ática)

1978	• Suaves campainhas para o sono de Heitor (teatro, primeiro lugar no Prêmio Anchieta)
1980	• Livros infantis sob o pseudônimo de Dudu Calves (Editora Melhoramentos) • *O pombal de Toninho* • *Quá-Quá, o pato guerreiro* • *O quintal de dona Lula* • *Formiguento, o preguiçoso* • *Astrogildo, o hipopótamo elegante* • *O macaco bananoso*
1982	• *Salamargo* (poemas, Massao Ohno Editora)
1985	• *No caminho com Maiakóvski* (poemas, Editora Nova Fronteira)
1987	• *No caminho com Maiakóvski* (poemas, Círculo do Livro – SP)
1989	• *A sala do jogo* (contos, Editora Estação Liberdade)
1990	• *O homem dos ratos* (teatro, em parceria com Alberto Goldin)
1991	• Os sobreviventes (teatro)
1992	• *Os meninos da pátria* (teatro) • *A sala do jogo* (contos, Círculo do Livro – SP) • Inclusão na *Antologia Brasil em cantos e versos – Natureza*, Editora Melhoramentos)
1994	• *Memórias de um assoviador* (humor, Schumkler Editores) • *Os gigantes de Kashtar* (conto editado anteriormente em *A sala do jogo*, Atual Editora)
1995	• Inclusão na antologia *Ponte Poética Rio-São Paulo* (Sete Letras Editora)
2000	• Inclusão na *Antologia Poética da geração 60* (Nankin Editorial) • Inclusão na *Brasil 2000 – Antologia de Poesia Contemporânea Brasileira* (Alma Azul, Coimbra, Portugal)

2001	• Inclusão na antologia *Os cem melhores poetas brasileiros do século* (Geração)
2003	• *O canibal vegetariano* (poemas, Geração)
2004	• Inclusão na antologia Paixão por São Paulo (Editora Terceiro Nome)
2006	• Inclusão na *Antologia comentada da literatura brasileira – poesia e prosa* (Editora Vozes)
2011	• Inclusão na antologia *Roteiro da poesia brasileira – anos 60* (Global)
2014	• *Tango, com violino* (romance, Tordesilhas)
2015	• Inclusão na antologia *Rubem Braga – A poesia é necessária* (Global)

Exposições

1999	• Galerie Dina Vierny Paris
2000	• Embaixada do Brasil na Holanda, Haia • 5 Continenten 1 Wereld – Galerie & Beeldentuin Laerken Hazersmonde, Amsterdã • Galerie Kühn, Berlim
2001	• Galerie Kühn, Bremen-Lilienthal, Alemanha • Plusgalleries Antwerpen, Bélgica • Galerie Birkenried, Gundelfingen, Alemanha
2002	• Pinacoteca do Estado de São Paulo • Museu Nacional de Belas Artes, Rio de Janeiro
2009	• Residiu, com sua mulher, em um ateliê em Velletri, Itália
2010	• Residiu, com sua mulher, em um ateliê, em Montmartre, Paris, a convite da Cité Internationale des Arts

—

Este livro foi composto com a tipologia
Chaparral e impresso em papel
Pólen Soft 80g/m² em 2021.